Teoria do conhecimento

Coleção **PASSO-A-PASSO**

CIÊNCIAS SOCIAIS PASSO-A-PASSO
Direção: Celso Castro

FILOSOFIA PASSO-A-PASSO
Direção: Denis L. Rosenfield

PSICANÁLISE PASSO-A-PASSO
Direção: Marco Antonio Coutinho Jorge

Ver lista de títulos no final do volume

Alberto Oliva

Teoria do conhecimento

1ª reimpressão

ZAHAR

Jorge Zahar Editor Ltda.
rua Marquês de S. Vicente 99 – 1º | 22451-041 Rio de Janeiro, RJ
tel (21) 2529-4750 | fax (21) 2529-4787
editora@zahar.com.br | www.zahar.com.br

Grafia atualizada respeitando o novo
Acordo Ortográfico da Língua Portuguesa

1ª reimpressão: 2013

Revisão: Eduardo Monteiro, Eduardo Farias
Composição: Letra e Imagem
Capa: Sérgio Campante

CIP-Brasil. Catalogação na fonte
Sindicato Nacional dos Editores de Livros, RJ

Oliva, Alberto, 1950-
O41t Teoria do conhecimento / Alberto Oliva. – Rio de Janeiro: Zahar, 2011.
(Passo-a-passo; 91)

Inclui bibliografia
ISBN 978-85-378-0490-2

1. Teoria do conhecimento. I. Título. II. Série.

CDD: 121
10-4974 CDU: 165

Sumário

Introdução: Por que e para que conhecer

Abre Aristóteles sua *Metafísica* com a afirmação de que "todo homem por natureza deseja conhecer". Sendo esse o caso, o que o impele a buscar conhecer? Como Platão no *Teeteto* (155d), Aristóteles na *Metafísica* (982b) aponta a admiração (*thaumaston*) como o grande desencadeador do pensar. E qual o objetivo último do filosofar? Conhecer. Mas por mais que a razão especulativa tenha sido acordada pela *admiração* suscitada pelo simples *ser* das coisas e do próprio homem, o que antes contribuiu para despertar a inteligência humana foi a necessidade de *conhecer para sobreviver*. Até porque o saber filosófico é um rebento tardio do pensamento, e a ciência, a despeito das grandes conquistas explicativas e dos espetaculares derivativos tecnológicos, é ainda mais jovem.

O assombro diante do portentoso espetáculo da natureza pressupõe uma inteligência já capaz de transformar maravilhamento em formulação de questões e elaboração de conceitos. O maravilhamento dá origem a perguntas (o que *é* e o que *significa* tudo isso?) que só uma inteligência superior pode formular. Só que muito antes do maravilhamento emergiu a *urgência* de fazer frente aos desafios de sobreviver em palcos naturais quase sempre inóspitos. Mas sem a curiosidade sobre as esferas celestiais e o desejo de desvendar a natureza e compreender a si mesma, a espécie humana teria ficado adstrita à elaboração de um saber prático atrelado a necessidades materiais. Propelida por mais de um fator, a busca de conhecimento atende a várias necessidades. Serve para saciar a curiosidade intelectual, resolver problemas que provocam a inteligência, ou enfrentar desafios que põem em risco a sobrevivência ontogenética ou filogenética do homem.

Tipos de conhecimento

As informações que temos sobre o mundo se condensam em crenças. Apesar de muito se propalar que vivemos na sociedade do conhecimento, os rumos dados à existência pessoal e à vida social são predominantemente influenciados por crenças desprovidas de bons fundamentos. Quando presos às bitolas do senso comum, não nos perguntamos se temos razões para, *justificadamente*, acreditar que conhecemos alguma coisa. Para aferir nossas crenças precisamos contar com uma definição bem formulada de conhecimento. Sem ela, não logramos separar conhecimento de mera opinião, nem apontar e fundamentar os procedimentos epistêmicos que conduzem à obtenção do conhecimento.

Ninguém deseja ter crenças falsas ou irracionais. Mas poucas pessoas se preocupam em determinar se as razões que invocam e se as evidências que recolhem são adequadas e suficientes para acreditarem no que acreditam. Há várias modalidades de conhecimento que podem ser representadas pelas seguintes asserções:

1) Milena sabe tocar piano bem.

2) Nino conhece Campos do Jordão.

3) Angela sabe que Campos do Jordão fica no estado de São Paulo.

Saber fazer: conhecimento por aptidão

Quando "conhecer" é usado com o sentido de *saber como*, de *saber fazer*, como ocorre na asserção (1), acima, é inegável que muito se sabe. A proficiência que alcançamos, a prática que adquirimos e as técnicas que dominamos se apoiam em alguma forma de conhecimento. Daí ser correto afirmar que se *sabe* – que se está capacitado a – tocar violão, jogar xadrez, fazer sonetos, falar alemão, pilotar avião, operar um computador etc. Trata-se do *know-how*, do saber fazer coisas, entendido como conhecimento por aptidão. Concerne a como fazer algo de modo certo e eficiente. Sua diferença para com o "conhecimento teórico" é manifesta: pode alguém, por exemplo, conhecer profundamente as técnicas de pintura sem se mostrar capaz de criar um quadro com valor estético.

O saber que possibilita a realização competente de algo é uma forma de conhecimento. Dispensa justificação por este poder ser adquirido com segurança sem qualquer preocupação com sua fundamentação. Posso dizer que sei dirigir um automóvel sem que precise deter conhecimento teórico materializado em um conjunto de proposições sobre como fazê-lo. Como esse tipo de conhecimento nem sempre é aprendido, faz-se também presente entre os animais, como o exemplifica o joão-de-barro, que constrói seu ninho à semelhança de uma casa.

Conhecimento por contato

Cada um de nós pode, em sentido lato, afiançar que conhece o vizinho que mora ao lado, os colegas da faculdade ou do trabalho. É uma experiência pessoal direta. Pode alguém dizer que conhece o Dalai-Lama por ter um dia conversado com ele. É comum as pessoas afirmarem que conhecem alguns dos pontos turísticos das cidades por elas visitadas. É o que faz Nino, na asserção (2), quando afirma conhecer Campos do Jordão dando a "conhecer" o sentido de já ter estado lá. Trata-se de uma forma de conhecimento imediata, certa, adquirida por contato direto ou de primeira mão que não precisa ser expressa de modo descritivo.

Denominado por Russell *knowledge by acquaintance*, deriva de uma relação diádica entre o sujeito conhecedor e um objeto. Mas como o objeto é diretamente apreendido, não há necessidade da mediação de qualquer processo de inferência ou de qualquer conhecimento da verdade. Como é conhecimento de coisas e pessoas, e não de proposições, apoia-se essencialmente em registros sensoriais, lembranças e vivências. Enquanto o conhecimento por contato ou direto é conhecimento de entes, o que se dá por descrição envolve o conhecimento de verdades. Não conhecemos por contato Machado de Assis, mas podemos dizer que o conhecemos por descrição na medida em que sabemos, por exemplo, que é o autor de *Quincas Borba.*

Conhecimento proposicional

As análises da epistemologia se concentram no tipo proposicional de conhecimento também chamado conhecimento por descrição. A ele se aplica a definição clássica de conhecimento como crença verdadeira justificada. Esquematicamente, pode ser assim apresentado: "*S* sabe que *p*", onde "*S*" representa o sujeito conhecedor, e "*p*", a proposição conhecida. No conhecimento proposicional o objeto direto do verbo "saber" é uma proposição. Exemplo: "Pablo sabe que as Montanhas Rochosas ficam nos EUA." É assim chamado porque fatos, situações e estados de coisas são descritos por proposições (verdadeiras). É por meio desse tipo de conhecimento que se alega saber que algo *é o caso* ("ser o caso" é equivalente a "como a realidade é"). É buscado pela ciência quando procura elaborar proposições verdadeiras sobre estados de coisas específicos. Só um organismo plástico e complexo como o do homem consegue produzi-lo. Como o conhecimento proposicional resulta da relação entre uma pessoa e uma proposição verdadeira, saber em que consiste essa relação – em especial, saber que condições são necessárias e suficientes para S saber que *p* – é o grande desafio da epistemologia. É dele que se ocupará este livro.

Do fazer ao conhecer

Há uma concepção de conhecimento, distante da tradicional, que sustenta que só logramos compreender o que é obra nossa. Vico costuma ser visto como o principal formulador dessa tese. Não tendo sido algo inventado, criado ou produzido por nós, simplesmente não temos como conhecê-lo. Não conhecemos contemplando, por meio de uma pura *bios theoretikos* (vida teórica), mas fazendo e criando. Para Vico, a natureza nos é incompreensível porque não a fizemos; do mundo conhecemos o que fazemos nele e com ele. Por sermos produtores do mundo social e autores da história que nele se desenrola podemos conhecê-lo.

Compreendemos a história porque temos como reconstruir – das origens aos fins – o que fazemos em seus palcos, porque somos nós que os montamos e desmontamos. Ao considerar o verdadeiro e o fato (o que se faz) conversíveis (*verum et factum convertuntur*), Vico deixa de encarar a verdade como fruto da correspondência da proposição com o estado de coisas a que se reporta. Não se compreende aquilo que não se sabe para que existe, e nem os *objetos naturais* por subsistir um fosso entre o modo como são representados e como são em si mesmos. O pressuposto é o de que só quando o *conhecedor* e o *autor* são uma mesma entidade desaparece o "hiato ontológico" e o conhecimento se torna possível.

Como estudar o conhecimento: o conhecimento do conhecimento

A teoria do conhecimento ou epistemologia é o domínio da filosofia que aborda a questão da natureza (o que é) do conhecimento, das fontes (onde procurá-lo) e da validação (como comprová-lo). Dispensa atenção especial aos modos – meios e procedimentos – mais seguros de conquistá-lo. Por mais que esteja preocupada em determinar onde buscá-lo, sua obsessão é (como) justificá-lo. A reflexão epistemológica costuma principiar com a busca de uma definição de conhecimento. Esse é o procedimento padrão porque se não se sabe o que é conhecimento não se tem como saber onde e como procurá-lo, e muito menos distinguir as situações em que foi encontrado daquelas em que apenas *parece* ter sido.

Como não é possível procurar o que não se sabe o que é, aquilo para o qual não se tem uma caracterização ou definição, Platão, no *Ménon* (80e), formula o "paradoxo da busca": o homem não precisa procurar o que sabe e não tem como ir atrás do que desconhece, do que não sabe o que é. Não faz sentido procurar o que sabe pelo simples fato de já o conhecer. E faltam-lhe condições para procurar o que ignora, já que não sabe *o que é* nem *onde buscá-lo*. Se não sabe claramente o que persegue, fica também sem ter como escolher os procedimentos adequados à busca. Se não tem como buscar o que desconhece totalmente, o que sequer sabe o que é, fica impossibilitado de avançar metodicamente sobre o desconhecido. E se porventura encontrar o novo, como poderá saber que se trata do objeto desconhecido e procurado se nunca o conheceu?

Questões análogas podem ser formuladas no âmbito da epistemologia: como ambicionar ter conhecimento, qualificar uma crença de conhecimento, se não se sabe o que é conhecimento? Em contrapartida, como dizer o que é conhecimento se não se conhece nenhum caso específico que exemplifique o que é conhecimento? O desafio reside em mostrar *o que* e *como* podemos conhecer sem nos ba searmos no que *de fato* conhecemos. Diferentemente da metodologia, que está preocupada em determinar *como* obter conhecimento com base em um conjunto especializado de procedimentos, a epistemologia constitui uma modalidade de investigação na qual o conhecimento *examina a si mesmo*.

Tanto a tese de que o conhecimento é possível, de que pode ser alcançado e comprovado por meio de procedimentos seguros, quanto a antítese cética fazem parte da tentativa de se ter *conhecimento do conhecimento*. Está sempre envolvida uma concepção, ao menos tácita, de conhecimento nos veredictos emitidos sobre ele. Julgar o conhecimento, possível ou não, depende de como é caracterizado. Exigir do aspirante a conhecimento que seja infalivelmente justificado – conclusivamente *verdadeiro* e demonstrativamente *certo* – favorece a conclusão de que é difícil ou impossível conhecer alguma coisa.

A definição clássica de conhecimento – como crença verdadeira justificada – requer também a existência de crenças verdadeiras e justificadas sobre *como o conhecimento é possível*. São essas crenças de *segunda ordem* que constituem a problemática central dos estudos epistemológicos. É capital saber se temos razões suficientes para acreditar que temos razões suficientes para acreditar em algo a que conferimos o status de conhecimento. Isso significa que além das justificações necessitamos de metajustificações, e além das razões, de metarrazões. Por isso a epistemologia pode ser caracterizada como *conhecimento do conhecimento*.

O estudo epistemológico: entre o normativismo e o naturalismo

Na *Metafísica* (981b), Aristóteles afirma que a busca do conhecimento dissociada da utilidade principiou nos ambientes em que os homens começaram a desfrutar o ócio. Eis o reconhecimento de que até a pesquisa pura requer determinado tipo de ambiência socioeconômica. Tal visão é incompatível com o epistemologismo que caracteriza a atividade de busca de conhecimento como um puro jogo do espírito. A óptica oposta ao epistemologismo, encarnada pelo sociologismo, encara a substância do conhecimento, o valor cognitivo de teorias como as científicas, como subproduto da vida social.

Crenças podem ser *causadas* por fatores psicológicos, sociais e econômicos, ou *adotadas* por razões epistêmicas. Quando se sustenta que não há conteúdo capaz de se justificar com base em aprovação lógica e em comprovação empírica, faz-se da dimensão cognitiva epifenômeno de alguma instância extracognitiva. Nesse caso, o conhecimento é visto como determinado pela sociedade (sociologismo), pela cultura (culturalismo), por fatores econômicos (economicismo), por processos históricos (historicismo) etc. Esses *ismos* rechaçam a distinção entre o que *de fato* se toma como conhecimento e o que *de jure* (de direito) assim logra se validar. É questionável que a problemática da verdade e da justificação das alegações de conhecimento seja redutível ao entendimento de como funciona a vida social ou o aparato psíquico.

Prevalecendo a tradicional divisão social do trabalho intelectual, a psicologia e a sociologia se voltam para a explicação dos *atos* cognitivos, isto é, dos processos psíquicos e das condições sociais que *viabilizam* a produção de conhecimento. Cabe a elas identificar os *fatores* psicossociais que tornam possível o conhecimento. Ficam confinadas à investigação de *como se formam* as crenças que, de modo fundado ou não, postulam ser conhecimento. Não é da alçada delas a aferição das *razões* invocadas para *validar* uma crença como conhecimento.

Como o principal alvo da teoria do conhecimento é o escrutínio dos *resultados* cognitivos, ela costuma partir da aferição crítica dos modos como o conhecimento é *costumeiramente* concebido. Em nome da identificação das propriedades epistêmicas capazes de transformar crença em conhecimento, a epistemologia mostra propensão a formular critérios *ideais* de racionalidade. Por isso desde Platão ela tem sido predominantemente normativa. Raros são os filósofos que subordinam a epistemologia à investigação dos processos psíquicos e comunitários por meio dos quais o conhecimento é buscado e endossado.

Ao estipular as regras que precisam ser seguidas para que o conhecimento seja obtido, a epistemologia vira uma espécie de Legislação Geral da Razão. Mas até que ponto as normas epistêmicas emanam da Razão? Por que não pensá-las apenas como regras de conduta intelectual, hábitos historicamente contingentes de investigação que vão sendo mantidos enquanto geram os resultados esperados? Em minoria estão os epistemólogos que encaram as regras do método como "naturais" – como desenvolvidas por ensaio e erro pela espécie humana – e identificáveis pelo acompanhamento do que fazem aqueles que buscam conhecimento.

Contrapondo-se à identidade normativa da epistemologia tradicional, o naturalismo sustenta ser o conhecimento um objeto tão passível de ser *explicado* pela ciência quanto qualquer outro. Basta observar o que fazem as ciências e os resultados que conquistam para se responder às questões clássicas da epistemologia. Mas se a epistemologia precisa se apoiar nos resultados das ciências empíricas, à luz de que estes são avaliados? A resposta é que não há uma aferição geral, só a interna a cada campo específico do conhecimento. O naturalismo abandona a questão kantiana de *como é possível* o conhecimento, o *quid juris*, e passa a ver o conhecimento como um *quid facti*, um fato natural, psicológico ou social, empiricamente investigável. Deixa de considerar a epistemologia uma província da filosofia para torná-la uma ciência empírica do conhecimento encarregada de explicar a funcionalidade do aparato cognitivo humano.

É inequívoco o predomínio histórico do platonismo epistemológico entendido como o conjunto de visões idealizadas de conhecimento, como sistema de prescrições constitutivas de um pretenso método infalível que leva ao conhecimento verdadeiro e certo. Tem sido contestado por estudos de talhe naturalista que destacam a importância da compreensão do cérebro humano, da cognição animal e do processamento artificial de informação para a elucidação do conceito de conhecimento. Os que entendem que cada domínio do conhecimento pode avaliar seus próprios procedimentos de investigação, da mesma forma que afere seus resultados e instrumentos, encarregam a psicologia de investigar os componentes gerais da atividade cognitiva. Ocupando o lugar da epistemologia, a psicologia passa a examinar como é o conhecimento efetivamente adquirido e se são confiáveis os meios – por exemplo, o perceptual – utilizados para se chegar ao conhecimento.

A completa naturalização é proposta como a substituição da epistemologia por uma ciência (ou até por mais de uma) tida como capaz de explicar, sem prescritivismos e sem apriorismos, como *de facto* é o conhecimento produzido e validado. Para Churchland, "a epistemologia adequadamente concebida é uma parte da psicologia do desenvolvimento, individual e social". Antes dele, Quine reduzira a epistemologia a um capítulo da psicologia e, derivadamente, da linguística. Mas por que também não de outras disciplinas, como a sociologia e a economia? Por não serem consideradas tão relevantes e por sua incorporação transformar o programa naturalista em uma complicada empreitada interdisciplinar. O naturalismo pode pretender substituir a epistemologia pelo estudo empírico, mas sempre será, querendo ou não, uma *teoria* do conhecimento.

Em busca de um critério de demarcação

Um dos problemas centrais da história da filosofia é como estabelecer e fundamentar a distinção entre conhecimento genuíno e aparente. Chisholm coloca entre as principais questões da epistemologia a de distinguir conhecimento de opinião verdadeira. O conhecimento precisa ser distinguido de opinião verdadeira em virtude de esta poder resultar de acaso, adivinhação ou palpite. A polarização entre o dogmatismo que sustenta que se podem conhecer coisas *com certeza* e o ceticismo que advoga nada ser cognoscível se alimenta da falta de respostas incontroversas para questões do seguinte tipo: que podemos *com segu-*

rança conhecer? Qual a *extensão* de nosso conhecimento e o que o limita?

No *Teeteto* de Platão aparece pela primeira vez formulada a questão "que é conhecimento?". Instado a respondê-la, Teeteto dá exemplos de atividades, artes ou saberes que contêm em maior ou menor grau componentes cognitivos. De modo procedente, Sócrates rejeita a resposta de Teeteto sublinhando que sua pergunta só pode ser respondida por meio de uma definição, da formulação do conceito de conhecimento. E que isso demanda saber o que de essencial *diferentes* compartilham de modo a que todos possam ser qualificados de conhecimento. Para se afirmar que a matemática é um conhecimento *de tipo formal* é preciso antes ter elaborado o conceito geral de conhecimento. O essencial é saber o que há de comum entre a matemática, a física, a biologia, a psicologia etc. que as torna conhecimento. Mesmo porque o que as diferencia não pode afetar o que ficar definido como sendo a essência da cognitividade.

Compelido a definir, Teeteto afirma que conhecimento (*episteme*) é sensação (*aisthesis*). Trata-se de definição que embute um critério de demarcação. Se conhecimento se confunde com sensação e só tem nela sua fonte possível, o que dela não derivar e o que não se adstringir aos *conteúdos* que ela fornece não tem como ser conhecimento. Além de separar o que se pode conhecer do que não se pode, a definição estipula os limites do conhecimento. No caso em tela, toda crença que tentar *ir além* do conteúdo sensorialmente registrável e comprovável não tem como ser conhecimento. Fica assim demarcado o que se pode esperar conhecer do que é expectativa ilusória de cognição.

Pode-se chegar ao *conceito* de conhecimento de dois modos: elaborando-se, à maneira de Kant, argumentos *transcendentais* sobre as condições que o tornam possível, ou identificando-se as propriedades essenciais compartilhadas pelos tipos de conhecimento existentes. Essa segunda opção exige que se comprove, por exemplo, o que a física e a antropologia compartem de essencial a ponto de se poder dizer que são *indistintamente* conhecimento. Nesse caso, é fundamental verificar se a noção de conhecimento acaba tendo de ser revista, caso as ciências passem a exibir mais e mais diferenças com relação a como cada uma define e produz conhecimento.

É recorrente na história da epistemologia propor como tarefa preliminar a limpeza do terreno – metáfora de Locke na *Epistle* – para arrancar dele as ervas daninhas que impedem o florescer do conhecimento. Caso se chegue à conclusão de que os crivos epistêmicos se mostram incapazes de pilhar e expurgar componentes pseudocognitivos e/ou ideológicos, será preciso renunciar a distinguir de modo inequívoco as crenças que podem legitimamente aspirar a ser conhecimento das que não podem. Tende a se mostrar desnecessária a formulação de um critério de cognitividade se o ideológico e o pseudocognitivo se infiltram, em grau considerável, até nas crenças que se submetem a rigorosas exigências epistêmicas.

A questão da origem: onde buscar conhecimento?

Questão destacada pela epistemologia é a referente às fontes do conhecimento. Tradicionalmente, são apontadas quatro fontes: a sensação, a memória, a introspecção (a apreensão de nossos próprios estados mentais) e a razão. As três primeiras costumam ser agrupadas sob a rubrica genérica de "experiência". As duas mais importantes e influentes respostas à pergunta de onde provém o conhecimento têm sido: a experiência e a razão. Os primeiros grandes pensadores da filosofia moderna deram muita ênfase à *questão da gênese* por entenderem que não se tem *como* chegar ao conhecimento se não se sabe *de onde* ele pode ser extraído. Especificar a fonte do conhecimento não apenas define onde procurá-lo, mas também por meio de que procedimentos. Quando se supõe que existe a fonte *certa*, ir a ela é o primeiro passo para se chegar ao conhecimento. Esse tipo de visão promove a imbricação do problema da validação com o da gênese das crenças.

Ao fazerem um balanço duramente crítico do que vinha sendo apresentado como conhecimento e dos procedimentos adotados para justificá-lo, Bacon e Descartes advogaram que o conhecimento tem uma e apenas uma "matriz genética", e que se pode ter total confiança nos resultados dela derivados. Entenderam que a segurança dos pilares do conhecimento depende de fincá-los *no lugar certo*. Para Bacon, a autenticidade epistêmica é fruto da atividade de observação, escorada na percepção; para

Descartes, ela decorre do puro exercício da razão. Por toda a importância que Bacon, Descartes, Locke e outros pensadores deram à questão gnosiológica, os séculos XVI e XVII foram chamados de *era da epistemologia*.

Os céticos não dirigem propriamente seus ataques às fontes do conhecimento, e sim aos critérios de evidência. Até porque o ceticismo pode ser tanto com relação aos registros dos sentidos (visão, audição, paladar, tato e olfato) quanto com relação à razão e suas operações. Se a percepção é tomada como fonte primária do conhecimento, é importante saber como funciona – questão psicológica – e com que grau de confiabilidade epistêmica pode dar origem a crenças em condições de serem verdadeiras e justificadas.

Ainda que exista uma e apenas uma fonte de conhecimento, recorrer a ela, se ater a ela, não assegura a obtenção de resultados cognitivos. E o fato de não inspirar absoluta confiança, por eventualmente induzir a enganos, não é suficiente para desqualificar completamente uma fonte. Mesmo porque pode inexistir melhor. Só cabe desconsiderar uma fonte – comprovadamente falha – quando se dispõe de alternativa superior, quando se pode contar com outra que forneça informações que menos vezes, ou jamais, se revelem falhas ou enganosas. Se Descartes despreza os sentidos, alegando que às vezes nos enganam, é porque considera a razão capaz de chegar ao conhecimento *verdadeiro e certo*.

Tanto o empirismo quanto o racionalismo modernos acreditam na existência de um ponto arquimediano, um ponto de partida privilegiado a partir do qual tudo o mais será alavancado. À razão (intuição racional) ou à percepção (atividade observacional) cabe constatar a verdade primeira, ou primária, a partir da qual todas as outras são derivadas. Se na razão estão a *fonte e a origem* do genuíno conhecimento, é por intermédio de seu adequado exercício que se chega ao átomo de verdade e certeza que serve de fundamento para todas as outras. Em termos funcionais e operacionais o empirista faz a mesma coisa, só que tomando por básicas as informações fortes, vívidas e atuais providas pelos sentidos. E por mais que falhem, podem, na opinião do empirista, ser corrigidas por outras informações também fornecidas pelos sentidos, ou por instrumentos como o microscópio e o telescópio, sem que seja necessário apelar para uma faculdade suprassensorial.

Tanto a priorização do puro exercício da razão quanto a da acurada e meticulosa observação dos fatos dependem de onde se localiza a "matriz genética" do conhecimento e de se é tomado como modelo o conhecimento matemático ou o empírico. Por isso discutir a gênese torna obrigatório levar em conta as profundas diferenças nos modos como se formam e validam o conhecimento formal e o factual.

Só se existisse uma e apenas uma fonte para os diversos tipos de conhecimento e várias para o pseudoconhecimento seria adequado decretar que a proveniência é crucial. Ocorre, porém, que o material ideacional que origina o conhecimento pode provir de variadas fontes. Como mostra a história da ciência, mesmo o que pouco ou nada encerra de cognitivo pode inspirar a formação de uma crença verdadeira justificada. O fundamental é que "o material original" seja (re)processado de modo a adquirir forma e conteúdo que permitam submetê-lo a indispensáveis crivos críticos.

Decretar que a única procedência admissível é a experiência pressupõe que observações podem ser puras e neutras, que podem ser feitas sem óculos teóricos. E absolutizar a razão torna difícil compreender como se chega a obter conhecimento de estados da realidade. Várias fontes – do senso comum à religião, passando pela metafísica – podem servir de inspiração para o que virá a ser conhecimento. Por isso, mais importante que a obsessão com a confiabilidade da fonte é a preocupação em transformar as informações, independentemente de sua proveniência, em crenças que mereçam ser qualificadas de conhecimento.

Epistemologia e metafísica: aparência × realidade

A preocupação com a fundamentação do conhecimento envolve indiretamente questões metafísicas, por exemplo, a de se subsiste diferença entre como a realidade *se mostra* e como ela *é*. E caso subsista, como ter acesso – por que meio – à realidade *tal qual é*? Outra questão concerne a se existem regularidades e uniformidades e se o conhecimento seria possível, caso o mundo fosse delas desprovido. E mesmo que se constate que objetos, fatos e eventos existem e ocorrem de modos tipificáveis, fica a dúvida sobre se são representados de forma fidedigna. Chisholm considera um dos mais importantes e difíceis problemas da filosofia "saber se as coisas realmente são como parecem ser, já que isso demanda um procedimento que permita distinguir aparências verdadeiras de falsas". E para saber se nosso *procedimento* é bom temos de saber se este realmente consegue ter êxito em distinguir aparências verdadeiras de falsas. Só que não há como saber se ele efetivamente é bem-sucedido sem que já saibamos, de antemão, quais aparências são verdadeiras, quais são falsas. E assim nos enredamos em um círculo.

Caso algo sofra mudanças quantitativas e qualitativas que o tornem apenas parcialmente diferente do que vinha sendo, mantendo-se essencialmente o *mesmo*, pode-se descrever seu ser próprio e tentar obter conhecimento sobre ele. Já um mundo caótico – ou, pelo menos, com um grau de instabilidade e variabilidade capaz de alterar constantemente as identidades – torna inviável o conhecimento. A impermanência dos objetos, a inconstância dos atributos e a fluidez dos estados – em suma, a identidade flutuante – impedem até que se determine o que se trata de conhecer.

Desde a aurora da filosofia grega tem sido recorrente a discussão sobre se a realidade deve ser vista como *estrutura*, o que permanece na mudança, ou como *processo*, como interminável sucessão de estados cambiantes. E esse debate repercute na epistemologia em virtude de o objeto precisar, para ser cognoscível, ter uma identidade consolidada e subsistente. Pode não necessitar ter estatuto ontológico similar ao do Ser imóvel tal qual pensado por Parmênides, mas não pode deixar de preservar a própria identidade mesmo quando sofre alterações marcantes. Estando as coisas submetidas ao *panta rei* heraclitiano, ao fluxo universal, não têm como dar origem a conhecimento, apenas a transitórias e descartáveis opiniões. Se tudo é sempre puro devenir, eterno tornar-se que impede a fixação de propriedades no que quer que seja, pode-se chegar, quando muito, a crenças circunstancialmente verdadeiras cuja justificação celeremente caduca.

Problemas fundamentais da teoria do conhecimento se conectam a temas ontológicos concernentes ao que existe e a como existe. Se o que existe pode ser apreendido de um só modo e sem risco de ilusão, a busca de conhecimento tem menos chances de malograr. Não sendo esse o caso, é importante determinar como o que existe é apreendido, e se a maneira com que é apreendido pode impedir que seja conhecido. Teorias do conhecimento adotam pressupostos ontológicos quando conferem um tipo de realidade ao objeto do conhecimento, quando definem *o que* os sentidos apreendem *no* e *do* objeto. Ou quando advogam que a razão tem acesso a uma realidade do objeto diferente daquela que se oferece aos sentidos. Afirmar, como faz Montaigne, que "os sentidos se enganam e mentem por natureza, tomando o que aparece pelo que é por não saberem bem o que é" é colocar um pé na epistemologia e outro na metafísica.

É metafísica tanto a alegação de que o parecer das coisas não coincide com seu ser quanto a de que o ser se reduz ao que se dá a perceber. Diferentemente do erro, que possui natureza epistemológica, a ilusão tem uma dimensão ontológica na medida em que é o contrário do real, ou é um véu que se interpõe entre o olhar (ou o pensar) e o real. Para o conhecimento ser possível, é necessário mostrar que o erro e a ilusão são evitáveis ou superáveis. Proclamar que para compreender é imperioso ir além do ver é mais que uma tese epistemológica sobre as limitações do ver. Envolve pressuposição ontológica referente ao que existe, a se há algo *mais real* – ou até o Real – para além do parecer.

É difícil reivindicar conhecimento de um objeto se pairar dúvida quanto ao que nossas representações conseguem dele captar: se *seus* traços distintivos ou apenas suas propriedades aparentes. Não tem como considerar o conhecimento possível aquele que endossa a visão metafísica de que nossas representações nunca são fidedignas, nunca apreendem os objetos em sua *realidade própria*. Sustentar que *todas* as aparências são *sempre* enganosas torna imperioso tentar passar para outro plano ontológico – o das essências – ou reconhecer que o conhecimento não é possível.

Se as aparências nos enganam em alguns casos e circunstâncias, é inevitável a suspeita de que podem estar, na falta de um critério confiável de discernimento, nos enganando mesmo quando não estão. E depois que nos percebemos vítimas de uma ilusão, não há como afastar a possibilidade de outras ocorrerem sem ser notadas. Se não se conta com um eficiente dispositivo epistêmico capaz de identificar *como*, *quando* e *onde* as aparências podem enganar, há sempre o risco de se tomar por realidade (a conhecer) o que não é. Se nossos sentidos ficam presos às aparências, se há um hiato entre o registro perceptual e o ser das coisas, por que *meios* chegar à *realidade*? E como afastar a desconfiança de que o novo *meio* pode estar apenas trocando uma aparência por outra? Se as aparências não são guias seguros de acesso à realidade, com base em que acreditar que a razão que as renega é? Não pode ela se envolver com outros tipos de ilusão representacional?

Sexto Empírico observa que as aparências contradizem umas às outras: a enorme torre próxima que se mostra pequena quando vista a distância; a moeda que parece redonda vista de cima e elíptica quando vista de lado. Não sendo possível comprovar quando se chega ao *ser*, o problema é decidir em que aparência confiar para justificar a pretensão de, em busca de conhecimento, representar as coisas como realmente são. O cético, na visão de Sexto Empírico, não questiona que nossos sentidos nos mostrem como as coisas *parecem* ser. O que pergunta é se os sentidos nos dizem como as coisas realmente são: "a dúvida não concerne à própria aparência, mas à descrição ou explicação dada a ela; e isso é diferente de questionar a aparência ela mesma." O mel nos parece doce, mas não se tem como saber se é doce na sua essência.

Os objetos do conhecimento precisam ser os *reais* e não os aparentes ou ilusórios. A epistemologia pretende determinar o que tomar por realidade quando estatui que só uma modalidade de *informação* – a extraída de determinada fonte – é capaz de levar ao conhecimento. Privilegiando um tipo de informação, tenta evitar ser questionada pela opção metafísica que a faz tomar por realidade isso e não aquilo. Só que o destaque dado a um tipo de informação é também fruto da moldura metafísica adotada.

Correções locais são possíveis; totais, não. O fundamental é saber se, na maior parte do tempo, os modos pelos quais é o mundo apreendido coincidem, ao menos aproximadamente, com o que ele realmente é, e também compreender de que maneira contribuímos para que as aparências se formem e assumam determinadas formas. Mesmo porque existe a possibilidade de nosso aparato cognitivo nos circunscrever a elas ou nos levar a tomá-las sempre por realidade. Nesse caso, a realidade é sempre como *aparece*; a variação decorre de se substituir uma aparência por outra. E isso não tem como ser comprovado, quando muito problematizado com a ressalva de que é a própria consciência que procura entender como ela atua – o papel do arsenal conceitual que emprega – em seu esforço de ter algum conhecimento sobre alguma coisa.

Ontologias como a de Platão contrastam uma Realidade de Formas eternas com um mundo menos real, ou até irreal, de particulares sensíveis, cambiantes, efêmeros etc. A postulação da existência de um mundo autossubsistente de Ideias atemporais e a-históricas serve para tornar a *episteme*, o conhecimento demonstrativamente certo, alcançável. A *episteme* desfruta da prerrogativa de ser sobre o invariante e o imutável, enquanto a *doxa* (opinião) é desqualificada por ser sobre o impermanente e cambiante. Consequência disso é que o conhecimento deste mundo, marcado por sua interminável e fragmentária sucessão de estados, só é obtido conhecendo-se outro, o das Ideias. A realidade capaz de ser objeto do conhecimento não é a perceptível pelos sentidos, e sim a que consiste de objetos inteligíveis captados pelo intelecto, como a dos matemáticos e dos morais.

Se "sensação" é entendida como aquilo que cada um *variavelmente* sente e percebe, o empirismo fica sujeito a ser associado ao subjetivismo. É o que faz Platão no *Teeteto*: diferentes pessoas serão diferentemente afetadas por seus sentidos de tal forma que, por exemplo, o vento que faz uma pessoa sentir frio se mostra quente para outra. Esse é o argumento invocado para mostrar que com os sentidos ficamos presos ao *parecer* – o que é, é para mim de um modo, é para outrem de outro modo, e assim por diante –, sem jamais reunirmos condições de chegar ao *ser* das coisas. No caso, ao vento em si. E, desse modo, deixa de ser possível postular o verdadeiro do que quer que seja.

A teoria platônica das Formas é uma tentativa de solucionar articuladamente o problema ontológico (o que existe de modo aparente *versus* o que existe essencialmente), o semântico (a opinião circunstancial presa às aparências *versus* a verdade resultante de uma relação objetiva de correspondência entre linguagem e realidade) e o epistemológico (a *episteme* como conhecimento demonstrativamente certo *versus* o impressionismo sensorial preso a conteúdos experienciais mutáveis e cambiantes).

Incapazes de determinar como as coisas *essencialmente são*, podemos chegar a alguma forma de conhecimento?

Por mais que enganem, as aparências não se confundem obrigatoriamente com véus que recobrem o corpo dos objetos, impedindo que sejam vistos como realmente são. Há uma diferença clara entre a comprovação epistemológica de que delas pode não se ter como alcançar crença verdadeira justificada e a tese metafísica de que são entraves à geração de conhecimento. É discutível a visão de que a percepção, sendo impotente para revelar o que o objeto é em si, cria dele "fantasmagorias imagéticas" que impedem conhecê-lo.

As crenças podem se revelar epistemicamente problemáticas por carecerem de justificação, ou ontologicamente descompassadas por tomarem por *ser* das coisas o que é apenas aparência ou o que elas têm sido *até hoje*. O chamado conhecimento *a posteriori* está sujeito a dois riscos: nunca pode ser tão certo a ponto de inexistir qualquer razão, real ou possível, para dele se duvidar e nunca pode se apresentar como coincidindo com a realidade essencial do objeto.

Ressalta Descartes que, à primeira vista, o sol parece estar perto de nós, e no entanto está longe. Parece pequeno e é grande. Nesse caso, a recusa das aparências se justifica pela elaboração de um conhecimento que se pretende verdadeiro e certo por supostamente coincidir com aquilo que a realidade é para além daquilo que imediatamente mostra. À luz dessa visão não há necessidade de invocar essências e muito menos substancializá-las numa realidade apartada das aparências. Se o que se mostra pode não ser o que parece ser, o desafio é saber identificar quando isso ocorre e com base em que se faz a "correção ontológica" das aparências. É uma aparência corrigida por outra, menos aparente, ou pela realidade *enquanto tal*, à qual só a razão tem acesso privilegiado?

Na consciência se manifestam estados mentais que podem nos levar a tomar por realidade o que não é; pode-se pensar que é vigília o que não passa de sonho. Pode-se sofrer a ilusão de ver um objeto – alterado ou deformado – como ele não é. Um bastão reto visto no ar parece como realmente é, se mergulhado completamente na água também, mas se parcialmente mergulhado parece torto ou curvo. Há estados mentais que podem se mostrar subjetivamente indistinguíveis daqueles que normalmente consideramos apropriados para formarmos crenças apoiadas em sólidas razões epistêmicas. Quando durmo, algumas vezes sonho, e quando sonho algumas vezes não sei se estou sonhando. Supondo que existam situações similares às do sonho, fica difícil afastar a desconfiança generalizada. E sendo a suspeita ineliminável, não há como deixar de pensar que posso considerar justificado afirmar que sei determinadas coisas estando redondamente enganado.

Se dormindo me vejo lendo um livro em um avião e, posteriormente, me dou conta de que estava apenas sonhando, como posso vir a afirmar com segurança que sei alguma coisa, que não estarei me enganando como antes em novas situações? Em suma, não posso excluir a possibilidade de estar acontecendo algo contrário ao que parece evidente. Mais que mostrar que nossas crenças podem ser falsas, o *argumento do sonho* indica que podem ser injustificadas e suspeitas. Se não estou no avião e penso estar, fico impossibilitado de ter conhecimento de fatos envolvidos nessa experiência. Mesmo porque não são fatos reais, e sim elaborações psíquicas. Não cabe dizer que sei tais e tais coisas se os conteúdos da experiência sobre elas são construções oníricas.

Se não posso excluir a possibilidade de estar neste instante sonhando, não tenho como afirmar ter conhecimento sobre as coisas que ora me cercam, já que o conhecimento exige antes de tudo saber *que tipo de realidade* – mental ou extramental, aparente ou real – as coisas têm. Para alguém saber que *p*, para que nada desaprove a justificação que apresenta ao afirmar que sabe que *p*, não pode se enganar a respeito do estatuto ontológico – sonho ou realidade? – daquilo a que se refere a proposição *p*. Não há como elaborar proposições verdadeiras sobre estados de coisas inexistentes ou com estatuto ontológico indefinido entre, por exemplo, o sonho e a realidade.

O sujeito epistêmico: as informações dos sentidos e as operações da razão

Há precondições tanto *do lado do sujeito* quanto *do lado do objeto* para que o conhecimento seja possível: o ser humano precisa estar equipado com determinadas faculdades cognitivas e o mundo se mostrar organizado, ostentar constâncias. Trata-se de tese genérica afirmar que o conhecimento é produto da relação entre o sujeito que deseja conhecer e o objeto que se dá a conhecer. Entre outras coisas porque o essencial é saber o que cada um – sujeito e objeto – faz nessa relação. Problematizar a relação é desnecessário se o conhecimento é visto como se reduzindo a puro registro de dados, generalizáveis, que dispensa qualquer participação ativa, construtiva ou não, do sujeito.

Se o conteúdo do conhecimento pode – e precisa – ser passivamente registrado pelos sentidos, o ativismo do sujeito inviabiliza a objetividade. O passivismo empirista *à la* Locke encara o sujeito como uma folha de papel em branco na qual a experiência escreve seus caracteres. Inexistindo o sujeito epistêmico, há apenas um *eu registrador* que, à semelhança de uma esponja, absorve informações submetendo-as a processamentos que não introduzem aumento de conteúdo em relação ao que foi originalmente percebido.

A atividade do sujeito precisa ser meramente registradora, o dado sem sujeito, para os que acreditam que o conhecimento só é possível se o sujeito deixa de projetar sobre o estudado o que a este não pertence. Pode-se sustentar que o conhecimento prescinde de sujeito conhecedor, que seu *conteúdo* independe de quem o produz e de quem o absorve, sem deixar de atribuir ao sujeito papel relevante no processo de conhecer. Pode-se considerar o conhecimento sem sujeito conhecedor dando ao sujeito papel ativo na *produção* de conhecimento, mas encarando o *produto* do conhecimento – constituído de teorias e argumentos objetivos – como totalmente independente de quem o elabora e de quem o veicula.

No caso de os objetos do conhecimento serem vistos como *construídos*, é importante determinar o quanto isso é fruto da atividade do sujeito ou de processos sociais. Diferentemente da tese de que o sujeito participa ativamente da confecção do conhecimento sem afetar-lhe a *forma* e o *conteúdo*, a concepção construtivista torna imperioso discutir a relação do sujeito com o objeto. Mesmo porque conferir ao sujeito, com suas *formas* e *categorias*, a missão de identificar e ordenar os objetos é incompatível com a concepção de conhecimento como decalque de fatos. O essencial é compreender como precisa se organizar em termos *funcionais* a interação entre sujeito e objeto de modo a se evitar a mistura nebulosa do subjetivo com o objetivo.

Em geral, o conhecimento tem sido visto como resultando da associação do *dado* – intuitivo para os racionalistas, empírico para os empiristas – com uma modalidade de inferência – dedutiva para os racionalistas, indutiva para os empiristas. Para o empirismo tradicional, o conhecimento é construído "dos particulares para o geral". É o conhecido modelo *from the bottom up* (de baixo para cima). Nossas crenças mais simples sobre o mundo derivam diretamente do *input* sensorial. E dessas crenças se passa, por inferência, para outras complexas que não se apoiam na percepção sensorial, como o fazem as generalizações indutivas. O roteiro da construção empirista pressupõe a existência de uma base rochosa composta pelo registro de fatos, pela constatação de casos particulares que vai ensejando sucessivas generalizações até se chegar à teoria, ao universal indutivamente obtido. Existindo a informação primária, veiculada por meio de proposições verificadas no mesmo instante em que são proferidas, o desafio para o empirista consiste em passar dos particulares para o geral sem incorrer na falácia da distribuição ilícita.

O racionalismo adota o modelo *from the top down* (de cima para baixo) entendido como a trajetória "do mais geral para o menos geral". Para Descartes, pela *intuitus mentis* (intuição racional) se chega ao autoevidente, e a partir dele, pela *illatio* (inferência dedutiva), podem-se derivar outras verdades, normalmente menos gerais. Como a dedução não oferece riscos inferenciais, a pretensão de Descartes de alcançar a *veram et certam scientiam* (o conhecimento verdadeiro e certo) depende crucialmente de poder estabelecer algo como autoevidente. Conquistado esse tipo inabalável de alicerce, o conhecimento desponta imune a dúvidas e a questionamentos céticos.

Advogava Montaigne que uma e apenas uma verdade é suficiente para afugentar a dúvida, exorcizar o fantasma do ceticismo e provar que o edifício do conhecimento pode ser construído com solidez. Descartes considerou possível alcançar o que pedia Montaigne e, para tanto, começou descartando como se fosse falso tudo o que suscitasse a mais tênue dúvida e renegando tudo o que se mostrasse apenas provável. Em busca de um átomo de certeza, de uma verdade primeira fundamental a partir da qual outras pudessem ser inferidas, dedicou-se a atravessar o mar encapelado das dúvidas e incertezas para chegar ao porto seguro do conhecimento racionalmente *provado*.

Se só é digno de ser reputado conhecimento o tipo de crença do qual não se possa duvidar, que seja insuscetível à revisão, é possível encontrá-lo fora da lógica e da matemática? Não dá para universalizar o modelo dessas ciências tendo em vista que suas verdades e certezas não envolvem conteúdos. E suas inferências não são ampliativas no sentido de que as conclusões de seus argumentos nada acrescentam ao conteúdo veiculado nas premissas.

O *argument from illusion* indica que, comumente, nos enganamos sobre a forma, o tamanho e a distância das coisas quando nos baseamos nos sentidos. Para o empirista isso não torna necessário postular a existência de uma instância de apreensão e justificação funcionalmente independente dos sentidos e epistemicamente superior a eles. A sensação posterior corrigiria a anterior até a mente formar o mais fidedigno registro possível do objeto. Ainda que uma crença formada com o material suprido pelos sentidos se mostre verdadeira, não há como ter certeza de que o registro perceptual no qual se baseia não contém falhas ou imprecisões. Daí os racionalistas defenderem que o conhecimento só é possível porque existe uma faculdade intelectual, a razão, que proporciona apreensões (autoevidentes) imunes a falhas e inferências (dedutivas) absolutamente seguras.

Como o empirismo absolutiza uma fonte de conhecimento e o racionalismo, outra, tudo se passa como se a razão prescindisse das informações providas pelos sentidos, e estas da atividade ordenadora e processadora da razão. É estéril a tantas vezes reiterada polarização entre racionalismo e empirismo. Os esquemas conceituais, retificando ou não o que aprendemos com os sentidos, são fundamentais para se chegar ao conhecimento, assim como o são as informações empíricas que promovem a confirmação ou refutação das teorias.

Com o material que acumula, oriundo de registros sensoriais, a mente elabora descrições a partir das quais constrói explicações que vão além do parco conteúdo originalmente presente naquelas. Questão capital é explicar – e justificar – como esparsas e fragmentárias informações sensório-perceptuais dão origem a encorpados e ordenados sistemas explicativos. O importante é determinar em que extensão os *inputs* oriundos da experiência são moldados por nossos conceitos, pela linguagem que empregamos para reportá-los e descrevê-los. Sendo o material empírico afetado por nossas escolhas conceituais, o crucial é definir como deve se dar a interação entre eles de modo a podermos chegar ao conhecimento.

O conhecimento e o desafio da verdade

Apesar de serem predicados de crenças, a verdade e a falsidade dependem das relações das crenças com conteúdos que lhes são extrínsecos. Não cabe avaliar as crenças apenas em termos de suas qualidades internas. Se a avaliação epistêmica das crenças pudesse sempre se circunscrever à sua constituição *interna*, o desafio da verdade e, por extensão, do conhecimento se resolveria com base em um critério de consistência ou de significatividade.

A evidência *per se nota*, como a chama Ockham, se aplica ao tipo de crença que é evidência para si mesma, ou à proposição que é verdadeira pelo significado de seus termos, caso de "todo gato é felino". Entre as verdades autoevidentes algumas são logicamente verdadeiras, como o exemplifica "todo gato que é cinza é gato". Já a evidência *nota per experientiam*, a que dá sustentação a uma crença à luz da experiência, depende de modo essencial de como o mundo é. Proclamar que um fato é objetivo – como o de que Campos do Jordão está a mais de 1.600 metros acima do nível do mar – é dizer que verdades podem ser enunciadas sobre ele sem qualquer tipo de dependência a como é pensado.

Se uma proposição é manifestamente verdadeira e não depende de nenhum modo claro da observação, ou de crenças anteriores, sua verdade se baseia apenas em significados. É fato que todas as verdades dependem, ao menos em parte, dos significados. Isso fica patente quando se constata que a substituição de uma palavra por outra com significado diferente pode fazer com que uma proposição verdadeira se torne falsa. A despeito de muito valorizados pelos racionalistas, o conhecimento *a priori*, o obtido com independência da experiência, e a verdade *a priori*, cuja descoberta precisa apenas da atividade da razão, suscitam debates quanto a seu valor cognitivo. Há uma diferença entre conceber como produtos da razão as verdades que não são estabelecidas recorrendo-se aos sentidos, à introspecção ou à memória, e encará-las como subprodutos da linguagem.

Quando se afirma "é necessariamente verdadeiro que..." ou "é verdadeiro não apenas neste mundo, mas em todos os mundos possíveis" formam-se verdades menos atraentes por serem conteudisticamente vazias, como o exemplifica a proposição "alguns homens serem brasileiros inclui alguns brasileiros serem homens e exclui nenhum brasileiro ser homem". Discute-se se as *verdades de razão*, e mais ainda as proposições que são verdadeiras em virtude apenas do significado dos termos que as compõem, estão entre as coisas que se pode, em sentido estrito e rigoroso, alegar conhecer. É questionável que obviedades do tipo "todas as mães são mulheres" merecem ser consideradas casos de conhecimento. Saber que "ser quadrado inclui ser retangular e exclui ser circular" é "cognitivamente menos nobre" que saber que "nenhum corpo pode se mover a uma velocidade superior à da luz".

Em *Peri Hermeneias* Aristóteles diferencia *logos semantikos*, o tipo de discurso que simplesmente significa alguma coisa, de *logos apophantikos*. Neste, o que é afirmado sobre o mundo pode ser com ele confrontado de tal forma que a proposição, por aquilo que informa, acaba qualificada de verdadeira ou falsa. Sendo assim, "verdadeiro" e "falso" são predicados que se aplicam a um só tipo de proposição: a declarativa. Como acreditar em algo não equivale a conhecê-lo, a menos que aquilo em que se acredita seja verdadeiro, é crucial saber em que consiste a verdade.

O conceito tradicional de conhecimento caracteriza a verdade como conformidade da crença com a fração da realidade sobre a qual versa. Nesse caso, a verdade da crença se mostra dependente de como os fatos são. Enfatiza Aristóteles na *Metafísica* (1051b) que a verdade está no pensamento ou na linguagem, mas a medida da verdade é o ser ou a coisa: "Você está pálido não porque pensamos adequadamente que você está pálido; é porque você está pálido que ao afirmarmos isso temos a verdade."

S só pode dizer que conhece efetivamente *p* se é o caso de que *p*. Quando se acredita que uma proposição é verdadeira, acredita-se que é o caso o que ela afirma, que há concordância entre o que se pensa ser o caso e o que é o caso. É o que propõe Aristóteles na *Metafísica* (1011b): uma afirmação só é verdadeira quando afirma *que o que é, é*; ou *que o que não é, não é*. A despeito de ser a mais aceita, a teoria da verdade como correspondência entre crença e fato está sujeita a objeções. Uma delas é a de que se a verdade consistir em correspondência do pensamento com algo fora dele, fica difícil para o pensamento aferir que chegou a uma forma da concordância com o que não é pensamento de um modo tal que lhe permita saber ter chegado à verdade. Costuma-se também observar que está longe de ser esclarecedor, e até informativo, proclamar que uma proposição é verdadeira porque corresponde aos fatos que a concernem. Há quem encare o predicado "verdadeiro" como redundante, já que quando se afirma a respeito de *S* que "*S* acredita que Platão é grego" pode-se dizer que nada acrescenta afirmar "e sua crença é verdadeira".

Uma visão alternativa à da correspondência é a da verdade entendida como coerência: uma proposição é verdadeira não por se mostrar em conformidade com fatos que compõem o mundo extralinguístico, e sim por se credenciar a fazer parte de um conjunto coerente de proposições, por se entrosar com as proposições de um sistema já aceitas como verdadeiras mantendo com elas relações de mútua sustentação. O fato de uma proposição se mostrar coerente com outras já cridas pode ser um indício de sua verdade. Mas isso não justifica o holismo, entendido como a concessão de primazia às totalidades teóricas que reduz a aferição veritativa das proposições individuais à posição e função que ocupam *no interior* dos sistemas que integram. Pode-se até dizer que há um teor relativista na concepção coerentista de verdade na medida em que as proposições são verdadeiras apenas *relativamente a* determinado sistema de proposições.

Em que pese a grande importância da coerência, a indicação de que determinada proposição é ou pode ser verdadeira provém principalmente da evidência que se acumula a favor dela. Aceito um exigente critério de racionalidade, a intensidade da crença tenderá a ser proporcional à força e à quantidade da evidência que despontam em apoio a ela. Mas mesmo quando se apoia em expressiva e adequada evidência, ainda que incompleta, uma crença pode parecer verdadeira sem ser. Quando se trata de estabelecer a verdade de generalizações irrestritas do tipo "todo corvo é negro", o acúmulo de evidência positiva se mostra, a partir de determinado ponto, redundante e inconclusivo. Sem falar que a evidência ulterior pode vir a contrariar a anteriormente acumulada, obrigando a se rever ou abandonar o que se considerava sabido.

A necessidade e a insuficiência da verdade

Remonta ao *Teeteto* a concepção, inúmeras vezes retomada, de conhecimento como *crença verdadeira justificada*. Com base na concepção tripartite de conhecimento (*S* sabe que *p* se e somente se *p* é verdadeira e *S* tem justificação para acreditar que *p*), os três requisitos – crer, ser verdadeiro e ser justificado – são individualmente necessários e conjuntamente suficientes para se ter conhecimento. O que se tem discutido, sobretudo a partir de Gettier, é se essas três condições, além de necessárias, são suficientes para que a proposição *p* mereça ser considerada conhecimento.

Saber que algo é o caso, dizer que *S* sabe que algo é o caso é dizer: 1) que é verdade que isso é o caso; 2) que *S* acredita que isso é o caso; 3) que *S* tem evidência suficiente de que isso é o caso. Como não faz sentido falar em conhecimento falso, o que se proclama conhecer precisa ser verdadeiro. Se, com base em evidência inicial, afirmo "Eu sei que *p*" e descubro em seguida que "*p*" é falsa, me verei obrigado a abandonar a postulação de conhecimento. Nesse caso, cabe dizer que eu pensava saber que *p* sem que realmente soubesse. Para que *S* possa afirmar que sabe que *p*, não basta *S* acreditar que *p*, e *p* ser verdadeiro, *S* precisa ter *boas razões* (epistêmicas) para acreditar que *p* é verdadeiro.

Se *S* acredita em alguma proposição verdadeira por acaso, *wishful thinking*, palpite, premonição ou adivinhação, não cabe pensar que *S* conhece *p*. Não há mérito epistêmico em perfilhar uma crença verdadeira por acidente. Para ser conhecimento a crença deve ser verdadeira, e como pode ser verdadeira por acaso precisa ser justificada. Nada encerra de cognitivo alguém acreditar com base em sonho premonitório que determinado evento acontecerá e isso se confirmar pouco tempo depois. O mesmo ocorre quando alguém acerta que um cavalo com nome sugestivo – *Great Victory* – sairá vitorioso no segundo páreo. Não poderá alegar que formou sua crença com base em boas razões.

Há crenças que se revelam verdadeiras por influência de fatores extracognitivos, caso da profecia que se autocumpre: a disseminação do boato de que um grande banco está indo à bancarrota acaba gerando tal fato. Nesse caso, a crença cria a "realidade" que a torna verdadeira. A crença verdadeira pode ser formada por acaso, ou pode ela mesma criar os fatos que a tornam verdadeira, mas o conhecimento não. Platão observa que, estando em questão a boa direção da conduta, a opinião verdadeira é um bom guia, em nada inferior ao conhecimento. Mas é diferente deste por não se ter como saber o que a faz verdadeira. No *Ménon* (97b-c) Platão indaga: se um indivíduo conhecedor do caminho de Larissa para lá se dirigir e acompanhar outras pessoas, não dirigirá bem e com proficiência? Mas e no caso de outra pessoa possuir noção verdadeira do caminho, porém sem nunca o ter percorrido nem conhecê-lo: não será também um bom guia? Na visão de Platão, enquanto tiver noção verdadeira a respeito do que o outro tem conhecimento, como guia não será inferior a este, embora só disponha da opinião verdadeira, não do conhecimento relativo ao que o outro conhece.

Em termos esquemáticos, o conhecimento como Crença Verdadeira Justificada (*CVJ*) pode ser assim apresentado: para qualquer indivíduo *S* e para qualquer proposição *p*, *S* conhece *p* se e somente se:

1. *S* acredita que *p*
2. *p* é verdadeira
3. A crença de *S* em *p* está (epistemicamente) justificada (ou *S* pode justificar sua crença de que *p*)

Definido como *CVJ*, o conhecimento implica que se *S* sabe que Vênus é feito de marmelada, então os enunciados 1, 2 e 3 devem ser verdadeiros. E se isso não é o caso, se Vênus não é assim composto, então *S* não sabe o que alega saber. E se *p* é um enunciado falso, não faz sentido se preocupar com sua justificação. Em busca do conhecimento proposicional, ou de sua dissecação, o que está em questão num primeiro momento é como estabelecer a verdade da crença de que "*S* sabe que *p*" e em seguida como justificá-la. Para que proclame ter conhecimento, *S* precisa acreditar que *p* é o caso, estar convencido de sua verdade, ser capaz de comprovar sua verdade e justificar sua crença de que *p*.

As objeções à visão tripartite de conhecimento são de dois tipos: 1) as três condições não são suficientes, como procura mostrar o exemplo de Gettier a seguir; ou 2) não são necessárias. Os que defendem esta última posição alegam que a segunda condição, a da verdade, é desnecessária no caso de a terceira, a da justificação, ser alcançada: uma crença justificada implica ser verdadeira. Nesse caso, a terceira condição não precisa ser uma condição separada. É claro que essa argumentação é defensável se "justificar" significa "dar razões *conclusivas* para". Mas se "justificar" for entendido de modo fraco, como equivalendo simplesmente a "dar razões para", então podemos dar razões, até boas razões, para proposições que poderão se revelar falsas. No caso de "justificar" ser entendido de modo fraco, é possível ter crenças justificadas em falsas proposições.

Em 1963 Gettier apontou dois contraexemplos à visão de conhecimento como *CVJ*. Ambos são propostos como contradizendo a definição *CVJ*. No caso de serem verdadeiros, é falsa a generalização contida na concepção de conhecimento como *CVJ*. Enquanto a teoria *CVJ* sustenta que todos os casos de crença verdadeira justificada são conhecimento, Gettier indica a existência de casos que mostram que uma pessoa pode ter uma crença verdadeira justificada (de que *p*) sem ter conhecimento (de que *p*). Caso Gettier tenha razão, as três condições indicadas pela teoria *CVJ* não são suficientes. Eis um dos contraexemplos de Gettier:

Suponha-se que Smith e Jones estejam disputando um posto de trabalho e que Smith tenha forte evidência a favor da seguinte proposição conjuntiva:

> (d) Jones é o homem que conseguirá o emprego e Jones tem dez moedas em seu bolso.
>
> A evidência de Smith para (d) poderia ser a de que o presidente da empresa lhe assegurou que Jones seria o escolhido e a de que ele, Smith, contara as moedas no bolso de Jones dez minutos atrás. A proposição (d) acarreta:

> (e) O homem que ficará com o emprego tem dez moedas no bolso.
>
> Suponhamos que Smith veja (d) acarretando (e) e aceite (e) com base em (d), para o qual ele tem forte evidência. Nesse caso, Smith conta claramente com justificação para acreditar que (e) é verdadeiro. Mas imagine-se, além do mais, que Smith, ele mesmo, sem que ele o saiba, e não Jones, obterá o emprego. E que, fato também desconhecido por Smith, ele próprio tem dez moedas no bolso. A proposição (e) é, portanto, verdadeira, embora a proposição (d), a partir da qual Smith inferiu (e), seja falsa. Em nosso exemplo, todas as seguintes são verdadeiras: 1) (e) é verdadeira; 2) Smith acredita que (e) é verdadeira; e (3) Smith conta com justificação para acreditar que (e) é verdadeira. Mas está igualmente claro que Smith não sabe que (e) é verdadeira; pois (e) é verdadeira em virtude do número de moedas no bolso de Smith, enquanto Smith não sabe quantas moedas estão em seu bolso e baseia sua crença em (e) na contagem das moedas no bolso de Jones, que ele falsamente acredita que será o homem que ficará com o emprego.

Como mostra Shope, aos engenhosos contraexemplos de Gettier foram dadas algumas boas respostas. Se as três condições da *CVJ* não são suficientes, já que há casos de crenças verdadeiras justificadas que não são conhecimento, como modificar a definição de conhecimento de modo a torná-la imune aos contraexemplos de Gettier? Uma sugestão é introduzir uma quarta condição de tal modo que "*S* sabe que *p*" passa a equivaler a: 1) *S* acredita que *p*;

2) *p* é verdadeira; 3) *p* está epistemicamente justificada para *S*; e 4) as razões de *S* para acreditar que *p* não incluem qualquer falsa proposição nem a crença de *S* de que *p* é inferida de qualquer falsidade. Mas nenhuma proposta conseguiu se tornar amplamente aceita.

O conhecimento e o desafio da justificação

A exigência de justificação desafia tanto aqueles que, como Descartes, buscam o conhecimento verdadeiro e certo quanto os que perseguem uma meta mais modesta, como é o caso dos bayesianos, de estabelecimento de probabilidades. Entre o demonstrativamente certo, presente nas ciências formais, e o universal irrestrito cabalmente verificado, inatingível na pesquisa empírica, há as crenças que, sujeitas a refutação, vão sendo corroboradas.

Observa Locke que "aquele que acredita sem ter qualquer razão para acreditar pode estar apaixonado por suas fantasias, não busca a verdade como deveria". O que confere justificação epistêmica a uma crença? Antes de Gettier prevalecia a ideia de que a justificação, quando bem-sucedida, transforma a crença verdadeira em conhecimento. O problema é que *S* pode ter justificação para acreditar em alguma falsidade a partir da qual deduz uma verdade. Nesse caso, sua crença é verdadeira e justificada sem ser conhecimento. Está longe de ser fácil especificar o que serve de justificação epistêmica para se acreditar em algo. Assim como há verdades de razão e de fato, há crenças justificáveis empiricamente – como é o caso de "a grama é verde" – e crenças justificáveis *a priori* – como a de que "a grama é grama".

Que tipos de *razão* são capazes de efetivamente promover a justificação epistêmica? É possível estar uma crença justificada mesmo que *S* não seja capaz de dispor de razões para sustentá-la? É a justificação uma questão de tudo ou nada, ou é apropriado falar em graus de justificação? Há epistemólogos que defendem que crenças conseguem ser, no máximo, aproximadamente verdadeiras. Outros já esposam a tese de que sem justificação cabal e final não se obtém conhecimento. São diferentes os desafios de se buscar justificação para o que se acredita poder ser conhecido com certeza, para o que admite no máximo alta probabilidade e para o que desponta suscetível a revisão ou refutação. Confundida com indubitabilidade (eliminação de qualquer possibilidade de dúvida) e com infalibilidade (afastamento de qualquer possibilidade de erro), a certeza é rara ou, quiçá, inexistente.

A percepção, a memória e a introspecção são provedoras de evidências que *podem* se mostrar insuficientes, imprecisas ou falhas para efeito de justificação de crenças. Tomemos como exemplo "sei, vejo, que a camisa do protagonista da peça teatral é verde". De início, conto com evidência para crer nisso. Só que, instantes depois, dou-me conta de que há um *spotlight*, antes impercebido, que emite uma luz verde sobre a camisa dele. Essa informação adicional é incompatível com a anterior, suplanta-a. Quando a evidência posterior diverge da anterior, anula-a, e assim deixa de haver justificação para acreditar na proposição. Daí ser mais defensável dizer que se há evidência a favor de uma proposição e se nenhuma evidência – dentre as que compõem o conjunto completo das evidências possíveis – anula a evidência a favor da proposição, então há justificação para nela se acreditar.

O processo de justificação só pode ser dado por concluído quando a evidência é conclusiva, quando é impossível para *p* ser falsa, dada a evidência *e*. O critério *negativista*, socrático, que se devota a descartar crenças injustificadas ou mal justificadas é insuficiente porque não se pode ficar adstrito à atividade de eliminar o pseudoconhecimento. Na busca de uma teoria *positiva* da justificação, duas modalidades de fonte de justificação são identificáveis: 1) a doxástica, aquela em que para se justificar uma crença se recorre a outra crença ou conjunto de crenças; e 2) a não doxástica, aquela em que não se recorre a outra(s) crença(s) para se justificar determinada crença.

Caso existam, as crenças básicas, autojustificadas, possuem uma fonte não doxástica de justificação, enquanto as crenças não básicas têm uma fonte doxástica. Uma experiência não doxástica pode corresponder a um estado mental e pode incluir registros sensoriais ou perceptuais. Estes não se confundem com crenças, entre outras coisas porque não há como lhes atribuir valores de verdade. Ouvir uma música ao longe ou ver um cão refestelado à sombra não é verdadeiro ou falso. Só as crenças formadas sobre essas experiências perceptuais podem sê-lo.

São doxásticas as *razões* que promovem a justificação de uma crença com base em outra(s), e não doxásticas quando se apoiam em registros perceptuais ou em intuições racionais.

O conceito de justificação epistêmica é normativo, encerra conotação deontológica, por mais que se procure caracterizá-lo tecnicamente identificando-o, por exemplo, com *suporte evidencial de certo tipo*. O caráter normativo dos conceitos epistêmicos sugere que equivalem a *deveres intelectuais*. Podem ser comparados aos termos deônticos encontrados na ética. Cremos na proposição *p* que desponta verdadeira e passível de justificação como se nos sentíssemos intelectualmente *compelidos* a fazê-lo. Como se não pudéssemos, como se repugnasse à racionalidade, acreditar em *não p*.

Teorias da justificação epistêmica

A seguir analisaremos dois tipos internalistas de teoria da justificação – o fundacionalismo e o coerentismo – e um externalista – o confiabilismo. Uma teoria é internalista no caso de todos os fatores requeridos para a justificação de uma crença serem diretamente acessíveis ao conhecedor, no caso de ele poder determinar por meio de introspecção cuidadosa se as crenças que adota são justificadas. Externalista é a que situa alguns dos fatores justificatórios para além do alcance (direto) do conhecedor.

Fundacionalismo: a segurança das estruturas. Mais do que negar que algumas de nossas crenças podem se mostrar verdadeiras, o cético tende a desacreditar que se disponha da requerida justificação epistêmica para se acreditar no que quer que seja. É comum ele alegar que a justificação se condena a incorrer em uma fatal regressão ao infinito quando, para respaldar uma crença, recorre a alguma outra. É fato que a justificação de algumas crenças deriva de suas relações inferenciais com outras, e que a justificação dessas outras pode depender de relações inferenciais com algumas outras. Se na cadeia de razões nenhuma despontar intrinsecamente justificada torna-se necessário recorrer sempre a outra mais e, assim, *ad infinitum*. E o encadeamento sem fim de razões epistêmicas daria razão ao cético. Os fundacionalistas acreditam que isso tem como ser evitado. Para tanto, postulam a existência de um tipo de crença que não necessita de justificação baseada em outras. As crenças privilegiadas são as justificadas em si mesmas, as justificadas independentemente das relações – inferenciais – que mantenham com outras.

Entre os propositores do fundacionalismo destacam-se Aristóteles, Descartes, Russell e Carnap. Entre os fundacionalistas, os racionalistas confiam na intuição racional e na inferência dedutiva, enquanto os empiristas privilegiam o registro perceptual do imediatamente dado e a inferência indutiva. Mas há também quem recorra à abdução ou a outra forma de inferência. A despeito das diferenças, os fundacionalistas compartilham a visão de que algumas crenças são sustentadas por outras, de que o conhecimento, e em particular a justificação epistêmica, possui *fundamentos*. Conferem papel privilegiado – fundacional – a uma classe de crenças, atribuem a determinado tipo de crença a prerrogativa da autoevidência e/ou da autojustificação com o objetivo de evitar que o processo de justificação se estenda indefinidamente.

Se minha justificação para pensar que sei que A é o fato de que B, e minha justificação para pensar que sei que B é o fato de que C, precisarei chegar, mais cedo ou mais tarde, a um ponto na cadeia de razões que me permita dizer que minha justificação para pensar que sei que Z é simplesmente o fato de que Z. Do contrário, a sequência de razões se desdobrará indefinidamente. Se alguém me pergunta por que acredito em determinado fato por mim relatado, posso apresentar alguma razão; e essa razão será algum outro fato a ele ligado. Mas como não tenho como proceder desse modo *in infinitum* me verei, como mostra Hume, obrigado a parar em algum fato, que está presente em minha memória ou em meus sentidos, ou terei de admitir que minha crença carece completamente de fundamento.

Quando se avalia a cadeia de razões que pode ser proposta em apoio a determinada crença, quatro possibilidades se abrem: 1) a cadeia justificadora termina em uma crença básica justificada que confere justificação a si mesma; 2) a série para em uma crença que não é justificada: a crença é sustentada por uma cadeia de razões B, C, D e F, só que F é uma crença carente de justificação; 3) a série não chega ao fim por conter um número interminável de crenças sustentadoras, o que inviabiliza o processo de justificação tanto em termos epistêmicos quanto psicológicos; 4) a série é circular de tal modo que a crença A deve sua justificação a B, que se apoia em C, e assim por diante, até que se chega a uma crença G que se baseia em A.

Parar o processo em determinado ponto sem a indispensável justificação dessa decisão, como em (2), é epistemicamente arbitrário ou fruto de convenção que não tem como ser epistemicamente justificada. E como a circularidade, por sua propensão a se mostrar viciosa, deve ser evitada, remanesce o dilema destrutivo de (1) ou (3). Assim formulado o problema, não há como discordar dos fundacionalistas de que (1) é o único caminho capaz de levar a justificação a bom termo. Não seria o conhecimento possível se crenças que não têm como ser diretamente justificadas não se apoiassem em crenças, fundacionais, que as justificam e se justificam em si mesmas. Só assim a ameaça do *regressus ad infinitum*, opção (3), pode ser afastada. O fundacionalismo se vale do *argumento por eliminação* quando supõe que há um número bem limitado de caminhos para a justificação das crenças e que, por eliminação, se pode demonstrar que só um pode ter êxito.

Para o fundacionalismo, só se estanca a multiplicação sem fim de justificações postulando a existência de crenças fundacionais, supondo que na base de toda cadeia inferencial existem crenças autojustificadas. O fundacionalista postula a existência de pilares epistêmicos identificados com crenças que prescindem de justificação inferencial, que independem de outras para se justificar, que cumprem a missão de justificar as que não logram por si mesmas se justificar. Podem se candidatar a desempenhar papel fundacional as proposições verificadas no mesmo instante em que são proferidas, as que expressam verdades lógicas ou matemáticas e as crenças sobre nossos próprios estados mentais, por exemplo, se estou alegre, irado, temeroso e que tais.

No fundo, o argumento da regressão ao infinito aponta mais para a indecidibilidade epistêmica que para a existência de uma cadeia infinita de razões. Mesmo porque ninguém tem como desfiar uma interminável sequência de crenças. Existem proposições que são evidentes para mim de um modo que a prova de que são evidentes não depende do fato de haver *outras* evidentes para mim? Caso existam, não passam – independentemente de serem *empíricas* ou *racionais* – de verdades básicas ou triviais. Na sua versão racionalista clássica, o fundacionalismo apregoa que as crenças básicas, não inferenciais, precisam ser infalíveis, não podem estar erradas, e que a justificação se transmite *dedutivamente* de uma crença a outra. Em suma, a justificação epistêmica requer que a crença seja infalível ou que seja dedutível de outra(s) crida(s) como infalível(is).

O fundacionalismo moderado, o das versões contemporâneas, não exige que as crenças básicas justificadas sejam infalíveis, indubitáveis ou incorrigíveis – apenas que sejam intrinsecamente prováveis –, nem que a justificação das crenças básicas para as não básicas seja transmitida de modo estritamente dedutivo. Aceita que o respaldo das crenças básicas às superestruturais se dê de modo indutivo. Ou segundo o modelo da *inferência da melhor explicação*. É claro que crenças perceptuais, assim como as que se apoiam na memória, são falíveis e não têm como ser deduzidas de outras infalíveis. Sendo assim, exigir infalibilidade das crenças básicas justificadas desqualifica as que têm seu conteúdo tirado da experiência.

Se *e* supre evidência não lógica para uma proposição *p*, então *e*, em seu apoio a *p*, poderá ser superada ou anulada pelo acréscimo, ou descoberta, de novas informações. E se crenças fundacionais fornecem evidência falível para crenças não fundacionais, então estas últimas só se manterão justificadas enquanto nada aparecer contra as primeiras. Isso porque as não fundacionais dependem, nesse caso, não apenas das fundacionais, mas também de nenhuma evidência aparecer contra elas.

Está longe de ser fácil caracterizar "crença fundacional" e demonstrar, principalmente quando não está sendo empregada a inferência de tipo dedutivo, como as crenças não fundacionais *se justificam nas* ou *pelas* fundacionais. Ademais, é menos "autojustificada" do que se apregoa a noção de uma crença "depender apenas de si mesma" para se justificar. É claro que algumas crenças terão de ser fundacionais, caso se pretenda a elas recorrer como justificação última. E por mais que inexistam crenças autenticamente fundacionais, algumas são costumeiramente tomadas como se tivessem tal estatuto.

Caso se adote o princípio do empirismo, segundo o qual o conhecimento não formal só é autêntico se provier da experiência, só poderão ser reconhecidas como básicas as crenças que registram por meio dos sentidos o *imediatamente dado*. São tidas como proposições contingentes básicas as justificadas à luz das experiências que relatam. Por isso, para alguns empiristas as sensações – fortes, vívidas e atuais – podem prover crenças básicas. No caso de ser empírico, o "básico" ou não inferencial é uma crença perceptual, justificada como uma espécie de fotografia do que se observa imediatamente. Na história do empirismo, enunciados que veiculam registros perceptuais têm sido propostos como candidatos a crenças fundacionais com base no pressuposto de que são incorrigíveis.

O conhecimento imediato de proposições básicas, proposições observacionais reportando o *dado*, é com frequência proposto como fundacional. A concepção fundacionalista que sustenta que crenças básicas são justificadas por nossas experiências não doxásticas, pelo que é *dado*, pode ser batizada de *fundacionalismo do dado*, ou *fundacionalismo dadista*. Considerando o conhecimento mais certo o relativo ao imediatamente dado, enquanto o conhecimento das coisas materiais é derivativo e menos certo, Carnap propôs como tarefa da filosofia reduzir todo o conhecimento a uma base de certeza. Por isso defende o uso de uma linguagem que tome os *sense-data* (dados sensoriais) como base: os enunciados relatando estados perceptuais são incorrigíveis no sentido de que podemos diretamente verificar que correspondem aos fatos, e a verdade de outros enunciados pode ser estabelecida, e testada, por meio das relações lógicas que mantêm com eles.

É importante distinguir fundacionalismo de premissas – que supõe existir um conjunto de crenças privilegiadas capazes de fundamentar outras – de fundacionalismo de inferências – que acredita possível validar todo e qualquer tipo de inferência com base em formas válidas *a priori*. Mas mesmo que existam crenças básicas, a verdade delas nem sempre poderá ser transmitida com segurança dedutiva para as derivadas. Na maioria dos casos, a transmissão se faz apenas com alguma probabilidade. Por mais que confie na existência de uma *base rochosa do conhecimento* composta de constatações de casos particulares, o empirismo sabe que precisa operar com um tipo de inferência, a indutiva, que não tem como oferecer garantia de que sendo as premissas verdadeiras a conclusão também o será. A despeito de sua vulnerabilidade, o apoio indutivo – a sustentação que crenças sobre casos particulares dão a uma generalização – não deve ser relegado.

Já o racionalismo de tipo cartesiano, inspirado na geometria de Euclides, apresenta como básicos os primeiros princípios ou axiomas, tidos como autoevidentes, por supor que a verdade deles pode ser neles mesmos apreendida pela *intuição racional* de modo irrepreensivelmente claro e distinto. O autojustificado proposto pelo racionalismo é uma modalidade de verdade necessária e autoevidente – como, por exemplo, o conhecimento da própria existência e da natureza espiritual do eu – estabelecida de modo não inferencial pelo raciocínio *a priori*. Descartes busca o *evidente par soi* para a ele aplicar dispositivos inferenciais seguros como os dedutivos. Para que uma proposição se qualifique como autoevidente basta que seja compreendida. Isso é suficiente para que se acredite que representa conhecimento. Conhecimento imediato, infalível ou indubitável se associa à autoevidência e à incorrigibilidade; é assim que Descartes apresenta o *cogito, ergo sum*. As verdades instantaneamente estabelecidas pela intuição racional formam as crenças fundacionais a partir das quais são dedutivamente inferidas as não fundacionais.

Tanto no empirismo quanto no racionalismo tradicionais prevalece o pressuposto de que existe um conhecimento imediato e outro mediato. Só que as postulações de autoevidência e autojustificação são mais fortes nas correntes de pensamento que tomam a lógica e a matemática como modelos epistemológicos. As descrições de conteúdos perceptuais imediatos enfrentam dificuldades para gerar crenças básicas e fornecer verdades primárias em razão de, em alguns casos, conterem um equívoco de apreensão originário: tomam como *realidade* do objeto o que é apenas uma de suas aparências.

Coerentismo: o fio e a trama. Principal crítico do fundacionalismo, o coerentismo é recente na história da epistemologia. Versões embrionárias do coerentismo aparecem em filósofos como Spinoza. No início do século XX, foi defendido por filósofos idealistas como Bradley, Bosanquet e Blanshard e até por um empirista lógico como Neurath. Rechaça a caracterização de algumas crenças como básicas ou fundacionais e coloca todas as crenças em um mesmo patamar justificatório, ao recusar a visão de que as relações de justificação tornam necessária uma ordem de dependência linear e assimétrica entre as crenças. A busca de sólida justificação prescinde da hierarquização das crenças e da dependência estrutural de um tipo de crença a outro. Para se justificar, qualquer crença depende das relações inferenciais que mantém com outras e com o sistema geral de crenças de *S*. Desse modo, o conhecimento não resulta da transmissão de justificação, por meio de uma cadeia de razões, do fundacional para o não fundacional.

A maioria dos coerentistas contemporâneos – Quine, Sellars, Harman, Lehrer, Bonjour – perfilha uma teoria coerentista da justificação, mas rejeita como "metafísica" a concepção coerentista de verdade. Desconectam a justificação da verdade por entenderem que a primeira não pressupõe a segunda. Por ser uma concepção holista de justificação, o coerentismo destaca o pertencimento de uma crença a um sistema e a interdependência entre as crenças, expressa sob a forma de relações de coerência. O crucial é que a nova crença se harmonize com as já aceitas no âmbito do todo teórico adotado. Por encarar a justificação como interna ao sistema de crenças, o coerentismo deixa de priorizar a busca de suporte externo a ele. Feldman propõe a seguinte versão para a teoria coerentista da justificação: *S* terá justificação para acreditar que *p* se e somente se o valor de coerência do sistema de crenças de *S* ficar maior com a inclusão da crença *p* do que ficaria sem ela.

As crenças de um sistema precisam se encaixar ou se imbricar de modo a constituírem uma totalidade cognitiva. Para que exista integração é necessário que entre os componentes do sistema subsistam algumas formas de relação de inferência e de explicação. Os epistemólogos coerentistas não ambicionam alcançar a meta perseguida pelos filósofos idealistas: um sistema coerente de crenças no qual cada um de seus membros acarreta os demais e é por eles acarretado. Não faz sentido propor a elaboração de um sistema desse tipo caso se pretenda utilizá-lo na explicação de algo circunscrito e contingente. Ademais, se uma crença não só implica, mas é implicada por todas as outras, então tudo no sistema se valida tautologicamente e ele deixa de ser um todo com diferentes partes para ser uma *unidade sem diversidade*.

Para o coerentismo, o conhecimento se assemelha a uma rede ou teia: crenças são fios que se entrelaçam formando complexa trama. Suponha-se alguém em um ônibus que vai lentamente se aproximando de um cenário que o leva a formar a crença de que houve ali uma colisão. Começou a acreditar nisso porque vislumbrou dois veículos atravessados na pista. Perto deles, uma aglomeração de curiosos; nas proximidades, uma viatura policial; e atrás do ônibus uma ruidosa ambulância se aproximando. Todos esses indícios foram se suportando mutuamente para gerar a crença de que houve um acidente. E ao chegar perto do local vê também um espelho retrovisor no asfalto e pedaços de vidro espalhados. Era o que lhe faltava para firmar sua crença. Para o coerentista, cada crença apoia a outra, já que inexiste o intrinsecamente justificado. Pela concepção *sistêmica* de conhecimento, cada crença tem valor apenas posicional, funcional. Desse modo, não cabe falar de justificação individualizada, só de interativa.

Diante do risco de *regressus ad infinitum*, o coerentista não concorda que para justificar determinada crença seja necessário invocar outra capaz de *sustentá-la* lógica ou probabilisticamente. A função primária das cadeias evidenciais não é transferir atributos epistêmicos, como o da *justificação*, de crença para crença, já que primariamente justificadas não são as crenças, isoladamente consideradas, e sim os sistemas de crenças encarados como totalidades. As crenças não passam pelo crivo da experiência separadamente, mas como conjunto integrado. Para o holismo semântico-epistemológico não há conhecimento de nada isolado: o que se sabe é sempre um conjunto integrado de crenças.

Se o conhecimento é identificado com um sistema de crenças, é natural que se privilegie a coerência entendida como sustentação mútua entre as crenças. Se as partes ostentam, em grau variável, interdependência, não se pode deixar de analisar se algumas implicam logicamente outras ou se contraem algum outro tipo de relacionamento inferencial. Por demandar um elevado grau de interconexão inferencial – lógica, probabilística e outras – entre as crenças, a coerência não pode se limitar à exigência de consistência lógica, de inexistência de crenças mutuamente contraditórias. Mesmo porque as crenças de um sistema logicamente consistente podem não ter qualquer relação entre si.

Se a justificação é determinada apenas pelas relações entre as crenças, como aferi-las fora do *circuito interno*, da teia que elas mesmas urdem? Alguns defensores do coerentismo deixam a impressão de que se pode prescindir de todo e qualquer *input* oriundo do mundo exterior – por exemplo, da percepção – para se produzir conhecimento. Não há como garantir, ou simplesmente pressupor, que sistemas de crenças, apenas por serem coerentes, mantenham o indispensável contato com a realidade exterior e dela recebam o necessário apoio para produzir crenças verdadeiras *sobre ela*.

Tentando rebater esse tipo de crítica, Bonjour afirma que a percepção sensorial e a observação cumprem importante papel na justificação. Mesmo não se formando inferencialmente, uma crença produzida pelos sentidos depende, para sua justificação, de se mostrar coerente com o sistema já adotado de crenças. Mas Bonjour não deixa de apresentar o coerentista como defensor da tese de que a justificação de um sistema de crenças é logicamente anterior à das crenças que o compõem e deriva da coerência do sistema. Além do mais, Bonjour define a coerência como uma questão de quão unificado ou integrado é o sistema como consequência das conexões inferenciais (incluídas as explanatórias) entre seus membros. Crenças observacionais ou perceptuais são cognitivamente espontâneas no sentido de que afetam o observador de um modo involuntário, coercitivo e não inferencial. Só que para o coerentista isso não determina se e como são justificadas.

Contra a justificação atomista, o coerentismo advoga que candidatos a conhecimento são aceitos ou rejeitados à luz do corpo completo de nossas crenças. Sendo a justificabilidade *interdependente* encarada como adequada e suficiente, méritos específicos a um candidato podem ser levados em conta, mas jamais considerados decisivos. Em virtude de sustentar que crenças só podem ser justificadas por outras crenças, que as únicas razões para se perfilhar uma crença são outras crenças, a teoria coerentista da justificação costuma ser qualificada de doxástica. Rorty entende que "nada conta como justificação a não ser por referência ao que já aceitamos e não há como sair de nossas crenças e de nossa linguagem de modo a se encontrar outro teste que não seja o da coerência". Davidson diz a mesma coisa: "nada pode contar como uma razão para sustentar uma crença a não ser outra crença."

A exigência de coerência é trivial, caso se limite a estatuir que não se deve considerar justificada uma crença se sua absorção gera conflitos com outras já aceitas em um sistema teórico. Não é suficientemente elucidativo proclamar que a aceitação de novas crenças bem entrosadas com outras sistemicamente endossadas ou justificadas torna coerente o sistema teórico como um todo. Tampouco o é estatuir que a justificação de qualquer crença depende de ela receber apoio de outras crenças por meio de genéricas relações de coerência.

Será facilmente criticável o coerentismo que se confundir com uma espécie de *relacionismo* que se limita a apregoar que a justificação de uma crença depende inteiramente do entrosamento epistêmico que tem com outras, já adotadas. Mais esclarecedor é encarar as relações entre as crenças como de acarretamento ou de explicação. A interdependência justificatória se compromete com a visão de que o sistema tem valor cognitivo apenas quando subsistem relações (lógicas) de *consequência* ou de *explicação* (hipotético-dedutivas ou indutivo-probabilísticas) entre as proposições. O que significa que a crença está justificada para *S* na medida em que melhor explica – ou é melhor explicada por – algum membro do sistema de crenças que tem para *S* máximo poder explanatório.

Uma crítica que se pode fazer ao *sistemismo* é que para a geração de conhecimento é um requisito necessário, porém insuficiente, a existência de um corpo coerente de crenças que torna justificada qualquer crença que pertença a ele. Afinal, não é a crença de *S* de que *p* está justificada que torna justificadas todas as crenças de *S*. Mas se *p* se justifica no sistema, então é reforçada a coerência deste. Se o sistema não preexiste às partes, não sendo mais que a soma delas, sua identidade é produto das partes que o compõem por mais que ele possua propriedades emergentes que não se fazem presentes em nenhuma delas.

O coerentismo acaba tendo de admitir que se pode ter justificação epistêmica para aceitar uma proposição empírica incompatível com a evidência empírica total disponível ou improvável à luz dessa evidência. O endosso de uma crença incoerente com as já aceitas torna necessário aferir se dentre as aceitas está a que carece de adequada justificação. É sempre importante avaliar se cabe ou não aceitar, com respaldo em evidência, uma crença-proposição que põe em xeque a integridade explicativa do sistema. Quando um conjunto de crenças é inconsistente, pelo menos uma das crenças deve ser rejeitada como falsa. A questão que fica em aberto é: qual? Cumpre avaliar a evidência com vistas a rejeitar, dentre as crenças conflitantes, a menos firmemente sustentada.

Com base na visão holista de conhecimento, o valor epistêmico de uma crença é determinado por sua capacidade de se encaixar na teia das já aceitas. É discutível que fora das ciências formais, estando em questão conhecer fatos do mundo, a coerência seja não apenas necessária, mas suficiente para a justificação. A coerência sozinha, sem o aval da evidência empírica, não provê uma teoria completa da justificação. Talvez a mais importante crítica dirigida ao coerentismo seja a de que, havendo sempre muitos e diferentes sistemas de crenças coerentes, a coerência sozinha é incapaz de definir como fazer a escolha justificada de um deles. Além do mais, supondo que a justificação requeira coerência com o sistema inteiro de crenças, terá o crente completo e adequado acesso a ele? Caso tenha, que tipo de acesso será e que confiabilidade terá? E que tipo de metacrenças formará sobre ele? Sendo a aferição da coerência feita durante certo período de tempo, como contar de modo seguro com a memória?

O coerentismo tem sido justamente criticado por deixar a impressão de que a justificação não depende de modo importante da relação do sistema de crenças com o mundo que ele pretende descrever, nem de qualquer tipo de informação dele derivado. As crenças não podem ser ratificadas apenas por suas relações de mútua sustentação, mas também porque são em si mesmas – uma a uma – avaliadas e consideradas verdadeiras por razões próprias a cada uma e por cotejo com o que é o caso fora delas. Deixando de julgar as crenças à luz do que evidencialmente se situa fora do *sistema* que compõem, avalia-se apenas sua interdependência. Sendo assim, as afirmações veiculadas por um romance podem ser aceitas como crenças verdadeiras justificadas simplesmente porque, sem se mostrarem em conformidade com qualquer realidade a elas externa, mantêm relações coerentes entre si. É isso que leva os críticos do coerentismo a afirmar que este desvincula a justificação do que ocorre no mundo.

Com seu *funderentismo*, Haack procura mostrar que não há por que ficar preso à polarização fundacionalismo *versus* coerentismo. Não há razão para que a busca de correspondência com os fatos e o requisito da coerência se excluam. Sendo a evidência observacional, direta ou indireta, essencial para a justificação das crenças contingentes sobre o mundo, o coerentismo não tem como desprezá-la sem se mostrar limitativo. Se determinada crença, além de respaldada por evidência, se entrosa perfeitamente com outras já aceitas, isso só fala a favor dela, só faz aumentar seu grau de justificação, e se entra em conflito com elas isso pode significar que não tem como ser justificada. O coerentismo enfatiza corretamente o caráter sistêmico das crenças, entendido como o apoio que umas recebem das outras, e o fundacionalismo tem a seu favor o fato de sublinhar os componentes extracrenças, os vínculos ao menos indiretos com a experiência, indispensáveis à justificação epistêmica.

Confiabilismo: a segurança dos processos. Em 1929 Ramsey propôs uma versão pioneira do confiabilismo ao afirmar que uma crença é conhecimento se verdadeira, certa e obtida por meio de um processo confiável. Mais recentemente, Dretske atrelou conhecimento à obtenção de informação de determinada fonte através de um processo, canal ou meio confiável. O confiabilismo é uma teoria da justificação externalista em razão de nem a propensão à verdade de um processo de formação de crença, nem a história de aquisição da crença serem diretamente acessíveis ao conhecedor.

Enquanto o fundacionalismo e o coerentismo entendem haver uma imbricação entre conhecimento e verdade, o confiabilismo dá destaque aos fatores *promotores da verdade*, definindo justificação em termos de *frequência* na obtenção de verdades. O estatuto justificatório de uma crença depende da capacidade dos processos psicológicos que a causam conduzirem à verdade. O confiabilismo defende a visão de que para se ter crença justificada não há necessidade de se contar com procedimentos infalíveis que conduzam à certeza, já que o conhecimento não é conquistado depois da batalha final entre o Deus veraz e o gênio malévolo.

O confiabilismo é naturalista por encarar as propriedades epistêmicas normativas como redutíveis a fatos, propriedades e relações *naturais*. Coloca, de acordo com Goldman, no lugar do sujeito epistêmico um agente cognitivo confundido com um sistema natural físico ou biológico. Abordado de modo naturalista, o conhecimento desponta para o confiabilista como resultante de operações, processos ou mecanismos psicológicos, biológicos e físicos que podem genericamente ser caracterizados como dispositivos de entrada-saída (*input-output*), onde os *inputs* são estados doxásticos ou não doxásticos e os *outputs* são crenças. Seria tarefa da ciência cognitiva identificar as operações psicológicas específicas disponíveis aos conhecedores humanos e determinar sua confiabilidade.

Em contraste com o evidencialismo, que qualifica de justificada uma crença na medida em que esta é lógica ou probabilisticamente sustentada por um corpo de evidências, o confiabilismo faz o estatuto epistêmico de uma crença depender do *modo com que é causada*. A justificação de uma crença é determinada pelo modo como é forjada, pela credibilidade do processo que levou à sua formação. Crenças justificadas são as produzidas e sustentadas por meio de processos que, por sua confiabilidade, normalmente levam a crenças verdadeiras.

Goldman contrapõe processos que usualmente reputamos falhos na produção de crenças, que supomos condenados a formar crenças injustificadas, com processos que julgamos proficientes, ou seja, que levam a crenças justificadas. Os falhos são exemplificáveis pelo raciocínio confuso, o *wishful thinking*, o palpite, a adivinhação, o pressentimento, o envolvimento emocional, a generalização açodada, o endosso respaldado por evidência insuficiente ou inadequada. Como não ensejam a obtenção sistemática de verdades, crenças obtidas por esses meios não são justificadas. Já os processos que qualificamos de confiáveis para a justificação são os baseados na percepção, na memória, na introspecção e no raciocínio bem-elaborado. Se, por exemplo, a identificação de objetos físicos de tamanho médio por meio da observação desponta como confiável, então as crenças assim formadas podem ser consideradas justificadas.

Para Goldman, o status justificatório de uma crença é função da confiabilidade do processo que leva a ela; a confiabilidade se traduz pela tendência de um processo a produzir crenças verdadeiras e não falsas. Há o processo que começa com alguma(s) crença(s) e desemboca em outra(s). O raciocínio é exemplo típico de processo de formação que parte de uma ou mais crenças para chegar a outras. A memória faz o mesmo quando me recordo de uma crença anteriormente formada. Quando o processo de formação de crença não depende de crenças anteriores, ele se assenta em processos perceptuais e introspectivos básicos.

O desafio é demonstrar que há diferentes fontes de formação confiável de crenças – percepção, memória, introspecção, raciocínio bem-elaborado – em condições de atingir o objetivo colimado da justificação. Por mais que a percepção em geral seja reputada confiável para a formação de crenças, não dá para garantir que cada ato específico de percepção também o seja. Sendo a percepção um processo geral de formação de crenças, o fundamental é determinar *caso a caso* a confiabilidade desse processo. Mesmo porque uma coisa é supor a confiabilidade da percepção em geral, outra é aferir a credibilidade de atos perceptuais determinados. Avaliar a confiabilidade de uma faculdade não torna dispensável aferir como se dá seu exercício em casos e situações definidos.

A justificação pode resultar tanto da confiabilidade exibida por um processo psicológico de elaboração de crenças quanto da aplicação de um conjunto de procedimentos metodológicos que se revelam confiáveis por produzirem uma elevada proporção de crenças verdadeiras. O pressuposto é o de que há modos apropriados de formar crenças e de que as que são elaboradas com base em mecanismos confiáveis devem, provavelmente, ser verdadeiras. Para determinar se uma crença é mais justificada que outra é necessário comparar a confiabilidade dos processos que levaram a cada uma delas.

Processos sensoriais, perceptuais, são, pelo menos em condições normais, bastante confiáveis. Como, na maioria dos casos, nada há de acidental na verdade das crenças geradas por esses processos, elas merecem ser qualificadas de conhecimento. Acrescente-se a isso que se as crenças basilares que formamos sobre o mundo circundante fossem, na maioria das vezes, equivocadas ou ilusórias, só por milagre teria a espécie humana conseguido chegar até aqui. Por isso deve haver grau razoável de confiabilidade até mesmo nas crenças derivadas dos modos de perceber e pensar do senso comum. Pela óptica do confiabilismo, uma crença justificada pode ser falsa, mas o modo com que foi obtida, ou com que é subsequentemente sustentada, deve ser de um tipo que enseje verdades na maioria dos casos. Mais que a conquista de verdade em um caso particular, o que se pede é que as crenças sejam formadas com base no emprego de procedimentos confiáveis, integrantes ou não de um método sistemático.

Conferindo um caráter ao menos parcialmente normativo ao confiabilismo, Goldman afirma que "o status justificatório de uma crença não é apenas função dos processos cognitivos *realmente* empregados em sua produção: é também função do processo que poderia e deveria ser empregado". Assim enuncia de modo compacto o confiabilismo: a crença de *S* de que *p* está justificada se e somente se: 1) a crença de *S* de que *p* é produzida por um processo cognitivo confiável; e 2) inexiste um processo confiável, ou condicionalmente confiável, disponível para *S* que, se tivesse sido usado por *S* além do que realmente usou, teria levado *S* a não acreditar que *p*.

Não se deve exigir que o possuidor de uma crença justificada saiba se esta foi produzida de modo confiável, já que o conhecimento da confiabilidade é necessário para se saber que uma crença está justificada. Mas a crença pode estar justificada sem que o agente saiba que está. Além de enfrentar o desafio de precisar evitar o risco da circularidade epistêmica, decorrente de se recorrer a um modo de formar crenças para sustentar a crença de que esse modo de formar crenças é confiável, o confiabilismo deixa a impressão de introduzir exigências fundamentais, porém insuficientes, para qualificar uma crença como conhecimento.

Falibilismo: a navegação sem porto

Denomina-se infalibilismo à concepção de que a justificação pressupõe a verdade, de que crenças justificadas não podem estar erradas. Segundo essa visão, não existe crença falsa, porém justificada. Se *S* sabe que *p*, *S* não pode estar equivocado sobre *p*. *S* sabe que *p* se e somente se *S* acredita que *p*, e a crença de *S* é infalivelmente justificada. Para o infalibilismo, se é verdadeiro que *S* conhece *p*, então *S* não pode estar enganado em sua crença de que *p*, e, portanto, sua justificação para acreditar em *p* garante sua verdade. Não há como deixar de contar com a necessária e suficiente justificação quando se acredita em uma proposição verdadeira.

Uma proposição é certa para alguém no caso de desfrutar do mais elevado grau possível de justificação. A visão de que o conhecimento requer certeza implica que todos os casos de conhecimento devem ostentar o *mesmo* grau – máximo – de justificação, que os casos de conhecimento não podem diferir quanto ao grau de justificação que obtêm. O infalibilismo propõe uma noção de conhecimento muito restritiva, pois sustenta que *S* pode justificar sua crença em *p* somente se a possibilidade da falsidade de *p* estiver excluída. Se irrevogável significa que nenhuma evidência ulterior pode tornar uma crença insegura a ponto de exigir sua revisão ou abandono, a nada se pode atribuir essa condição quando se trata de acompanhar o curso de fatos, que tanto podem se manter uniformes quanto exibir súbita descontinuidade.

Os falibilistas se contrapõem a essa visão sustentando que *S* pode, de fato, ter uma justificação para acreditar em algum *p*, embora este seja falso. A verdade de "*S* sabe que *p*" certamente nega a possibilidade de que *S* está em erro, mas isso está muito distante de dizer que *S* está em tal situação que não há hipótese de estar errado sobre *p*. Como assinala Chisholm, se é certo dizer que "*é impossível* para *S* estar errado sobre *p* se ele conhece *p*", não é invariavelmente certo dizer que "se *S* conhece *p*, então *é impossível* ele estar errado sobre *p*".

Com base em quê se pode apregoar que foi afastada a possibilidade de se estar agora em erro se antes algumas vezes ficou comprovado que erramos? E o pior é que antes erramos estando totalmente convencidos de que tínhamos alcançado a verdade. Tendo em vista que Ptolomeu se enganou a respeito dos fundamentos de sua razão, indaga Montaigne se não seria tolice confiar cegamente no que defendem seus sucessores. A possibilidade do erro permanente e insuperável assombra a busca de conhecimento. Existe a possibilidade de se estar cometendo um tipo de erro que, por sua natureza sistêmica, não tem como ser detectado. Uma coisa é errar numa conta, outra é ser falha a fundamentação da aritmética. A possibilidade do erro sistêmico é similar à do engano constante a que poderia nos induzir uma entidade como a do "gênio maligno" imaginada por Descartes.

O argumento da incompletude da evidência assinala que discorremos sobre as coisas acompanhando como aparecem até determinado momento. E o fato de virem se mostrando de um modo, ostentando certo padrão, não exclui a possibilidade de descontinuidades: a evidência nova pode discrepar da que foi antes acumulada. Como para boa parte das crenças não logramos conseguir evidência total e cabal, e como na maioria das vezes não identificamos os erros que cometemos, visto que afirmamos saber que *p* supondo termos razões para fazê-lo sem que de fato tenhamos, o falibilismo expressa a posição de que mesmo o justificado *pode* estar errado.

O falibilista considera *possível* a verdade ser alcançada; mas como ninguém pode garantir que nada aparecerá contra o que se mostra até aqui verdadeiro, nenhuma crença pode ser acolhida como infalivelmente justificada. O falibilista concorda com o cético que podemos ter a melhor evidência possível para acreditar em alguma proposição *p*, e ainda assim estarmos errados. Nada há de contraditório em *S* comprovar durante um lapso de tempo que sabe que *p*, justificar adequadamente isso e depois descobrir novas evidências que põem em xeque que sabe que *p*. Daí o lema de alguns falibilistas: aprender com os erros.

Para os falibilistas, erros justificados são possíveis. Um dos esquemas que propõem é o seguinte: *S* sabe que *p* se e somente se *S* acredita que *p*, a crença de *S* em *p* é justificada de modo falível e *p* é verdadeira. A inversão que coloca a verdade depois da justificação se deve ao fato de, nesse caso, o conhecimento consistir de *justificação falível* para proposições que de fato são verdadeiras. Como além da falibilidade existe a possibilidade de se chegar a acreditar, por acidente, em uma proposição verdadeira, pode-se propor mais este esquema: *S* sabe que *p* se e somente se: 1) *S* acredita que *p*; 2) a crença de *S* em *p* é falivelmente justificada; 3) *p* é verdadeira; e 4) (2) oferece a garantia de que (1) e (3) não são conjuntamente um acidente.

A existir conhecimento provisório, é exemplificável pelos universais categóricos que, apesar de crescentemente confirmados, podem ser refutados por um contraexemplo. Para todo universal categórico como "todo A é B", existe sempre a possibilidade de vir a aparecer um A que não é B. Quando se dispõe de evidência apenas parcial em apoio a uma proposição, talvez o mais acertado seja encará-la não como conhecimento, mas como *expectativa de conhecimento*. Não há como comprovar a verdade e a certeza de universais irrestritos. No entanto, uma crença que os contenha pode ser verdadeira sem que tenhamos como saber, ou determinar isso, enquanto a investigação prosseguir, enquanto não se tiver acesso a toda a evidência, principalmente futura, pertinente ao caso.

Na reconstrução do conhecimento, o fundacionalismo recorre ao modelo da engenharia civil tentando mostrar que, para a construção do arranha-céu do conhecimento, são necessárias crenças-pilar que, absolutamente seguras, sustentam as crenças-pavimento. Contrapondo-se ao modelo da engenharia civil, Neurath propõe um tipo de falibilismo que encara o processo de elaboração do conhecimento como similar ao da navegação marítima. A falibilidade do conhecimento é expressa por meio da metáfora de que a realização de consertos no barco do conhecimento nunca pode ser feita em terra firme. Neurath sustenta que "somos como marinheiros obrigados a reconstruir seu barco em alto-mar sem que tenham como desmontá-lo em doca seca para reconstruí-lo com melhores componentes".

Como a embarcação do conhecimento navega sem parar, sem ter *onde* aportar com segurança, apresentando algum defeito só poderá ser reparada enquanto singra os mares do desconhecido. Sendo assim, tudo é incerto, porque sequer há um longínquo ancoradouro para onde tentar conduzir a embarcação no caso de precisar de conserto. Navegação sem porto, o conhecimento vai sendo – de forma mais ou menos extensa ou profunda – revisto e reformulado enquanto vai sendo produzido. Mesmo sem ter uma base inabalável, a busca de conhecimento se destaca por ser atividade autocorretiva, voltada para a diuturna avaliação crítica dos resultados e a superação de erros.

Relativismo: tantos barcos, tantos portos

Discutir o relativismo cognitivo torna já de saída obrigatória a pergunta: *o que é relativo a quê?* O conhecimento, e por extensão a verdade, tem sido relativizado com base na alegação de que diferentes indivíduos apreendem diferentemente as coisas, ou na de que culturas ou sociedades operam com diferentes padrões de racionalidade e sistemas peculiares de avaliação das alegações de conhecimento.

As categorias ontológicas que podem se mostrar relativas a alguma coisa são: objetos, fatos, mundo, realidade. As semânticas são: verdade, referência e significado. As epistemológicas: percepção, crença, justificação, inferência, racionalidade, conhecimento. Cada uma dessas categorias tem sido apresentada por diferentes pensadores como desprovida de *vida própria*, como mero subproduto de outras categorias. Cada uma tem sido relativizada a pessoas, grupos, classes sociais, gênero, contextos e práticas sociais, culturas, formas de vida, linguagens, quadros conceituais, teorias, paradigmas, pontos de vista, perspectivas, períodos históricos (*Zeitgeist*), estrutura cognitiva inata, interesses, valores etc.

Com frequência os fatos, o que deles se apreende, têm sido relativizados a teorias, quadros conceituais, molduras culturais etc. A categoria da verdade tem sido relativizada à perspectiva, aos interesses, aos valores, e assim por diante. O relativismo linguístico *à la* Whorf exemplifica a relativização à linguagem dos conceitos, das crenças e até dos modos de perceber a realidade. As supostas dependências do relativizado ao relativizador demandam explicação causal. O relativizado pode não ter existência autônoma, mas o relativizador precisa ter para ser determinante. E sobre a relação entre eles deve ser possível identificar fatos de modo realista. Não podendo, por exemplo, a percepção ser escrutinada apenas em termos de sua confiabilidade imanente, teorizar sobre ela envolve obrigatoriamente teorizar sobre a dimensão extraperceptual – por exemplo, a posição que se ocupa na sociedade – que pretensamente a molda. E, assim, a explicação de uma coisa – a percepção – passa a requerer a explicação de outra – como funciona a vida social – e de como as posições sociais diversificam as visões.

Não apenas as interpretações, as explicações, as ópticas e as teorias têm sido relativizadas a indivíduos, culturas e comunidades, mas também os fatos, o mundo e a realidade. Ao se promover a relativização tanto dos artefatos humanos quanto dos fatos naturais, tanto do intelectual quanto do real, a uma instância a eles extrínseca, se está decretando que não existe uma realidade objetiva capaz de julgar e selecionar as crenças que formamos sobre ela. Nenhuma manifestação intelectual tem em si mesma a chave de compreensão de si própria. O relativizado se explica pelo relativizador, assim como quando se afirma que o político é epifenômeno do econômico.

É de relevância secundária se a relativização é a pessoas, conduzindo ao subjetivismo ou protagorianismo, ou à cultura. O crucial é a suposição de que pessoas e culturas adotam sistemas de crença diferentes, por vezes excludentes, sobre o que é certo e errado, tanto em termos morais quanto cognitivos, sem que se possam arbitrar objetivamente suas diferenças. A diversidade doxástica, alimentada por idiossincrasias ou por fatores sociais ou culturais, tanto leva ao pluralismo quanto à proliferação de opiniões dissonantes.

Sendo tudo relativo ao contexto em que brotou, fica sujeita à acusação de etnocentrismo a pretensão de aferir a fundamentação epistêmica de crenças comuns em "sociedades primitivas" – por exemplo, a de que "aipins andam à noite" – que se nos afiguram extravagantes. Se, dado o "significado psicossocial" que encerram, todos os sistemas de crenças devem ser considerados *contextualmente* adequados por mais que se revelem epistemicamente indefensáveis, então não há lugar para avaliações críticas e comparações voltadas para o estabelecimento de méritos relativos.

A tese de que todas as crenças nada mais são que um subproduto de algo extracognitivo torna desnecessária a teoria do conhecimento. Deixa de haver necessidade de diferenciar as crenças em termos de seu valor epistêmico se nenhuma pode pretender ser superior, se nenhuma tem como ser julgada verdadeira e justificada. Encarar a modelagem sociocultural como determinante do conteúdo das crenças torna vazia e idealizada a postulação de uma racionalidade universal. Pois se todo padrão de racionalidade é dependente do contexto, nenhuma crença pode ambicionar ir além da validade local.

Está na moda a visão de que tudo é construção social. Esse tipo de relativização ousa proclamar que qualquer conteúdo intelectual, do científico ao ideológico, é sempre *socialmente construído*. Algo parecido faz o perspectivismo, quando relativiza tudo a pontos de vista. Nietzsche chega a afirmar que não há fatos, só interpretações. O relativista não vê sentido na ideia de que alguns padrões ou crenças são realmente racionais no sentido de que se distinguem dos que são apenas localmente aceitos: não há normas de racionalidade independentes do contexto e supraculturais. Sendo assim, padrões e crenças não podem ser comparados, são incomensuráveis, por serem subprodutos do contexto em que se (re)produzem.

É incompatível com a definição tripartite de conhecimento a visão de que tanto a *realidade*, como categoria ontológica, quanto a *verdade*, como categoria semântica, são relativizáveis a pessoas, condições históricas específicas, pontos de vista etc. Também o é a concepção de que objetos e fatos são relativizáveis a linguagens, percepções a teorias, significados a quadros conceituais. E se crenças são sempre relativas a determinantes extracognitivos – à situação de classe do crente –, não há por que tentar estabelecer a verdade das crenças e muito menos buscar justificá-las. Genericamente formulados, o relativismo e o perspectivismo tornam ociosas as questões epistemológicas tradicionais. Em qualquer proposta séria de relativização está pressuposta a substituição da justificação epistêmica pela explicação causal.

O relativismo também tem sido alimentado por argumentos epistemológicos que sustentam que mais de uma teoria pode ser suscitada por uma mesma massa de dados ou fatos. Se esse for o caso, o desafio consiste em definir com base em que uma pode se apresentar como estando em *melhor* correspondência com eles. Mas se a escolha de uma crença é sempre subdeterminada pela evidência, a ponto de as razões epistêmicas nunca serem decisivas, passa a ser importante saber em que medida o pessoal e o social determinam aquilo em que se acredita. Não há, entretanto, como deixar de ressaltar que o relativismo tem contra si o fato de impedir que se determine o mérito epistêmico das alegações conflitantes, e até excludentes, de conhecimento. E até de suas próprias teses. Isso porque nenhuma tese, a vingar o que defende o relativismo, pode fracassar quando submetida a testes de adequação epistemológica. O relativismo é "autodestrutivo" porque, se correto, não tem como ser assim reconhecido por antes ter minado a própria noção de correção.

Conclusão: a vastidão do desconhecido

Por mais que se tenha conseguido diminuir o fosso entre o desconhecido e o conhecido, por mais espetaculares que sejam os resultados alcançados pelas ciências, o que se conhece é muito pouco em comparação com o tanto ignorado. A pequena ilha do conhecimento é cercada pelo vasto oceano do desconhecimento. E só contamos com frágeis balsas para explorá-lo. Não sabemos o que ainda podemos (vir a) conhecer. Podemos ter uma noção, ainda que imprecisa, do que ainda falta saber de essencial em um domínio específico, como o da genética. Mas não do que nos falta saber de tudo. Lacunas certamente se fazem presentes em tudo que conhecemos e erros podem estar sempre infiltrados nas teorias que tomamos como conhecimento.

É difícil saber se o conhecimento está aos poucos sendo completado ou se cada avanço constitui a abertura de um subcaminho que leva a outros subcaminhos de uma interminável Grande Avenida, que pode dar em um labirinto sem saída. A aventura do conhecimento pode ficar para sempre incompleta porque algumas coisas cruciais podem jamais vir a ser desvendadas e também porque se pode ficar sem encontrar algo de definitivo. A admiração que está na origem do conhecer *pode* voltar a aparecer no fim do processo – quando as perguntas pela verdade e pela justificação remeterem à questão de qual o sentido de tudo isso sobre que se busca conhecimento.

Referências e fontes

p.12: Reporto-me aos seguintes livros de Giambattista Vico: *La scienza nuova* (Milão, R.C.S. Rizzoli Libri, 1952) e *De antiquissima italorum sapientia* (Florença, Olschki, 1998).

p.19: Cito, de P.M. Churchland, *Scientific Realism and the Plasticity of Mind* (Cambridge, Cambridge University Press, 1987). Na mesma página faço referência à obra de W.V. Quine *Ontological Relativity & Others Essays* (Nova York, Columbia University Press, 1969); e à de R.M. Chisholm *Theory of Knowledge* (Nova Jersey, Englewood Cliffs, 1977).

p.26: Menciono *The Foundations of Knowing* (Mineápolis, University of Minnesota Press, 1982), de R.M. Chisholm.

p.27: A obra de Montaigne a que me refiro é *Essais* (Paris, Librairie Garnier Frères, 1948).

p.29: É citado, de Sexto Empírico, *Outlines of Pyrrhonism*, com tradução de R.G. Bury (Nova York, Prometheus Books, 1990).

p.32: Faço menção à obra de René Descartes *Méditations métaphysiques* (Paris, Librairie Larousse, 1950).

p.47: Reporto-me ao famoso artigo de E. Gettier "Is justified true belief knowledge", publicado em *Analysis*, 23, 121-3, 1963.

p.48: Cito o livro de R. Shope *The Analysis of Knowing: A Decade Research* (Nova Jersey, Princeton University Press, 1983).

p.49: O livro de J. Locke a que me refiro é *An Essay Concerning Human Understanding*, vol.2 (Nova York, Dover, 1959).

p.54: De D. Hume menciono o livro *An Enquiry Concerning Human Understanding* (Chicago, Encyclopedia Britannica, 1952).

p.58: Faço referência ao texto de R. Carnap "Intellectual autobiography", veiculado em *The Philosophy of Rudolf Carnap* (The Library of Living Philosophers, Illinois, Open Court Publishing, 1978).

p.61: Reporto-me ao livro de R. Feldman *Epistemology* (Nova Jersey, Prentice-Hall, 2003).

p.64: Cito o texto de L. Bonjour "The elements of coherentism", publicado na obra organizada por L. Alcoff *Epistemology: The Big Questions* (Oxford, Blackwell, 1998). Na página seguinte, menciono *Philosophy and the Mirror of Nature* (Nova Jersey, Princeton University Press, 1979), de R. Rorty. E também o artigo "A coherence theory of truth and knowledge", de D. Davidson, publicado na obra organizada por D. Henriche *Kant oder Hegel* (Stuttgart, Klein-Cotta, 1983).

p.68: Faço referência ao texto "A foundherentist theory of empirical justification", de S. Haack, veiculado no livro organizado por L. Pojman *The Theory of Knowledge: Classical and Contemporary Readings* (Belmont, Wadsworth, 2003).

p.69: Refiro-me ao livro de F. Ramsey *Foundations Essays in Philosophy, Logic, Mathematics and Economics* (Londres, Routledge and Kegan Paul, 1978); e ao livro de F. Dretske *Knowledge and the Flow of Information* (Cambridge, MIT, 1981).

p.70, 71, 73: Faço menção ao artigo "What is justified true belief?", de A. Goldman. publicado em *Justification and Knowledge* (Dordrecht, D. Reidel, 1979), com organização de G. Pappas. E também a "Reliabilism", do mesmo Goldman, veiculado em *Routledge Encyclopedia of Philosophy* (CD-ROM, 1998).

p.75: A menção a R.M. Chisholm reporta-se ao livro *Theory of Knowledge* (Nova Jersey, Englewood Cliffs, 1977). Na mesma página, Montaigne, op.cit., p.278.

p.78: Cito o artigo de O. Neurath "Protocol sentences", traduzido por George Schick e incluído no livro *Logical Positivism* (Illinois, The Free Press, 1960), organizado por A.J. Ayer.

Sobre o autor

Professor associado do Departamento de Filosofia da Universidade Federal do Rio de Janeiro (UFRJ) e pesquisador do CNPq. Coordenador do Centro de Epistemologia e História da Ciência da UFRJ. Tradutor de diversas obras de filosofia. Autor dos livros *Filosofia da ciência* e *Anarquismo e conhecimento*, publicados pela Zahar, e de *Entre o dogmatismo arrogante e o desespero cético* (IL-RJ); *Conhecimento e liberdade: Individualismo × Coletivismo* (Edipucrs, 2ª ed.); *Ciência e ideologia* (Edipucrs, esgotado); *Ciência e sociedade: Do consenso à Revolução* (Edipucrs, esgotado); *A solidão da cidadania* (Senac, 2ª ed.); *Racional ou social: A autonomia da razão científica questionada* (Edipucrs, esgotado); entre outros. É coautor de *Pré-socráticos: A invenção da filosofia* (Papirus, 2ª ed).

E-mail: aloliva@uol.com.br

Coleção **PASSO-A-PASSO**

Volumes recentes:

CIÊNCIAS SOCIAIS PASSO-A-PASSO

O negócio do social [40], Joana Angélica Barbosa Garcia

Origens da linguagem [41], Bruna Franchetto e Yonne Leite

Antropologia da criança [57], Clarice Cohn

Patrimônio histórico e cultural [66], Pedro Paulo Funari e Sandra de Cássia Araújo Pelegrini

Antropologia e imagem [68], Andréa Barbosa e Edgar T. da Cunha

Antropologia da política [79], Karina Kuschnir

Sociabilidade urbana [80], Heitor Frúgoli Jr.

Pesquisando em arquivos [82], Celso Castro

Cinema, televisão e história [86], Mônica Almeida Kornis

FILOSOFIA PASSO-A-PASSO

Estética [63], Kathrin H. Rosenfield

Filosofia da natureza [67], Márcia Gonçalves

Hume [69], Leonardo S. Porto

Hannah Arendt [73], Adriano Correia

Schelling [74], Leonardo Alves Vieira

Niilismo [77], Rossano Pecoraro

Kierkegaard [78], Jorge Miranda de Almeida e Alvaro L.M. Valls

Filosofia da biologia [81], Karla Chediak

Ontologia [83], Susana de Castro

John Stuart Mill & a liberdade [84], Mauro Cardoso Simões

Filosofia da história [88], Rossano Pecoraro

Teoria do conhecimento [91], Alberto Oliva

PSICANÁLISE PASSO-A-PASSO

Psicanálise com crianças [75], Teresinha Costa

Feminino/masculino [76], Maria Cristina Poli

Cinema, imagem e psicanálise [85], Tania Rivera

Trauma [87], Ana Maria Rudge

Édipo [89], Teresinha Costa

A psicose [90], Andréa M.C. Guerra

A angústia [92], Sonia Leite

Educação e psicanálise [93], Rinaldo Voltolini

Os outros em Lacan [94], Antonio Quinet

A paixão [95], Marcus André Vieira

Histeria: o caso Dora [96], Nadiá Paulo Ferreira e Marcus Alexandre Motta